中华民族人文修养经典故事丛书

中小学德育教育系列读本

# 廉

## 清直奉公之道

LIAN

QINGZHI FENGGONG ZHI DAO

系列故事

编著 李彗生
改编 李尚明

人民东方出版传媒
東方出版社

**图书在版编目（CIP）数据**

廉——清直奉公之道 / 李彗生 编著；李尚明 改编．—北京：东方出版社，2019.9
（中华民族人文修养经典故事丛书）
ISBN 978-7-5207-1126-5

Ⅰ．①廉…　Ⅱ．①李…　②李…　Ⅲ．①品德教育－中国－青少年读物
Ⅳ．① D432.62

中国版本图书馆 CIP 数据核字（2019）第 175705 号

廉——清直奉公之道
（LIAN QINGZHI FENGGONG ZHI DAO）

编　　著：李彗生
改　　编：李尚明
责任编辑：王云龙　赵晓峰
出　　版：东方出版社
发　　行：人民东方出版传媒有限公司
地　　址：北京市朝阳区西坝河北里 51 号
邮　　编：100028
印　　刷：成都紫星印务有限公司
版　　次：2019 年 9 月第 1 版
印　　次：2019 年 9 月第 1 次印刷
开　　本：880 毫米 ×1230 毫米　1/32
印　　张：10
字　　数：187 千字
书　　号：ISBN 978-7-5207-1126-5
定　　价：39.00 元
发行电话：（010）85924663　85924644　85924641

# “中华民族人文修养经典故事”丛书

## 前　言

在漫漫五千年的历史进程中，中华民族创造了灿烂的中华文化。中华文化为人类的发展做出了卓越的贡献。以儒学为代表的中华优秀传统文化，源远流长，博大精深，熏陶孕育了一代又一代中华儿女，铸造了中华民族特有的气质和品格，铸就了中华民族独特的心理构成、思维方式和文化传统，成为海内外中华儿女的精神家园，是中华民族共同拥有的灵魂的根。历史告诉我们，能否继承本民族的优秀文化传统，是一个民族能否走向繁荣的重要标志。一个具有“精神脊梁”的民族，才是充满希望的民族！

近百年来，由于社会变革的历史原因，中华优秀传统文化的传承和发展遭受到很大的挫折，当今中国，出现了信念危机！我国改革开放历经四十年，中华民族迈进了伟大的复兴时代。当理智面对国家的繁荣时，却发现传统文化、道德意识在我们中间有些失衡，这不能不引起我们的深思和反省。

大力加强对青少年进行民族优秀传统文化的教育，将传统道德与时代精神相结合，普及中华民族优秀传统文化方面的知识，使其精华得以传承并发扬光大，才是中华民族优秀传统文化长盛不衰的希望所在。今天的中小学生，他们中有不少人或只埋头功课、追求分数，期盼金榜题名；或热捧歌星、影星、球星，而对中华文化做出巨大贡献的孔子、孟子及历代圣贤和传统文化却知之甚少，更缺乏系统的学习。只有大力普及推广优秀传统文化，才能使中华民族的优秀文化在他们的心里扎下根，才能使他们更加热爱自己的民族，热爱自己的祖国，肩负起新时代建设强盛国家、强盛民族的历史重任！

编著者结合现代文化传播的时代特点，推出的“中华民族人文修养经典丛书”将以孔子为代表的儒学文化精华之忠、孝、诚、信、礼、义、仁、和、廉、恕、智、行等优秀传统经典故事，把孔子之所以成为万代师表的人生轨迹，用连环画形式表现出来，变“阳春白雪，和者盖寡”为深入浅出，通俗易懂。通过大众普及传播方式，让中华民族优秀传统文化在海内外中华儿女乃至全世界民众中广泛传播，中华民族优秀的传统文化就有了发展的空间、成长的沃土，中华民族优秀传统文化这棵参天大树就能根深叶茂！

编辑出版这些人文修养经典故事，意在弘扬中华民族的优秀传统，“子规夜半犹啼血，不信东风唤不回”。希望本书中的故事，能在中华民族文化的传承中，成为提升国民素质的催化剂，去激发中华民族昂然崛起的生命冲动！

“中华民族人文修养经典故事”丛书

李彗生

2019年5月

# 内容提要

“廉”是先秦诸家政治思想的主张。“廉，清也，自检敛也。”墨子说：“贫者见廉，富者见义。”庄子说：“人犯其难，我享其得，非廉也。”孟子主张：“廉”从提倡为人俭朴中体现出来，人要有羞耻之心，如果没有羞耻之心，是最大的无耻，这也是以后儒学廉耻之心的体现。

荀子认为，有无廉耻是区别君子和小人的标准，而人无廉耻是人唯利是图的结果。他在《修身》篇中说，如果行为端正朴实而且尊敬长者，那就可以称得上是好青年了；如果再加上努力学习，谦虚敏捷，那就没有人能超过他了，这样的人就可以称为君子了。刘向继承了儒家传统的荣辱观，以道德为衡量荣辱的尺度，以德明、义立、功成名就为荣，以重利忘义、同流合污、居位失德为耻。他认为，道德名节重于生命，人如知道耻辱，就应该注重自己的节操和名誉。人贵于遵循道德，只有合乎人的情理，廉耻分明，才能安于所得，而不是贪求，注重名节，洁身为廉。朱熹认为，人有廉耻，才能做到有所为，有所不为。他将廉耻列为封建伦理道德的重要内容。儒学的廉耻思想，自然也有其历史的局限性，但在古代中国思想发展史中，有其很大的进步作用。很多古代的名人志士正是以廉耻为节操，在历史舞台上留下了光彩夺目的一幕，被后人歌颂为清官廉吏。同时，廉耻思想也是中华民族的灵魂，以及中华民族文化的重要组成部分。

我们推出的“中华民族人文修养经典故事”丛书——《廉 清直奉公之道》，个个故事独立成篇，图文并茂，简明扼要，紧紧围绕“廉”这一道德范畴，自成一家，其故事个个独立成篇，内容丰富，情节感人。如“毛玠选官倡廉政”，毛玠是三国时期著名的清官，因为他公正无私，廉洁清白，被当地人誉为“清公”。毛玠的才干和清廉，赢得了曹操的信赖和器重。但他老年因廉洁而被诬陷罢职，为廉洁刚直付出了巨大的代价。毛玠宁可罢官为民也不放弃原则，是真正的廉洁、廉正。

# 目录

# 目录

# 廉

清直奉公之道

LIAN QINGZHI FENGGONG ZHI DAO

## 石碏重廉除孽子

1 春秋时期，卫国有个大夫叫石碏。当时的卫国国君卫桓公生性懦弱，无所作为，石碏感到自己无法施展抱负，便告老还乡，不问朝政。

2 桓公有个弟弟叫州吁，他性情暴戾，野心勃勃，偏巧他又与石碏的儿子石厚很要好。一天，州吁对石厚说："我哥哥软弱无能，我想取而代之，但是此事不太好办。"

3 石厚想了一下说：“周天子平王前不久去世，按常规卫桓公定要前去吊丧，你不如在城西门行馆设下酒宴，为桓公饯行，乘机杀死桓公。我可以带五百壮士埋伏在行馆四周，为你策应。”州吁一想，这办法不错，便依计做了准备。

4 到了这一天，酒筵按时举行。酒过三巡，州吁假装失手把酒杯掉在地上，桓公命人再取酒杯。乘此机会，州吁闪到桓公背后，抽剑行刺，杀死了桓公。

5 事后，州吁和石厚对外宣称桓公暴病而亡，由州吁继位为君，并拜石厚为上大夫。

6 州吁弑君篡位的事终究是纸包不住火的，卫国的文武百官和老百姓都知道了他们的这一恶行，心中不服。

7 州吁又找石厚计议，他心烦意乱地说：“国人知道了咱们弑君的事，至今不服你我，怎么办呢？”石厚想了想说：“臣的父亲石碏，过去位居上卿，素来为百官和国人所敬服。主公若能请他入朝，共襄国政，就能令行禁止，稳坐王位了。”

8 于是，州吁派专使携贵重的礼品去问候石碏，并请他入朝议事。

9　石碏托病坚辞不受。石厚只好亲自回家来请。石碏问道："新君召我，想要我做什么呢？"石厚说："现在新君初登皇位，人心不平，君位不稳，想求父亲出谋划策。"

10　石碏说："诸侯即位，按制必须奏明周天子。新君若能亲见周天子，受冠冕舆服之赏，奉周天子之命为君，国人便能心服口服。"石碏还告诉石厚，现在周天子十分宠爱陈桓公，你们不妨求陈桓公与周天子通报一下，然后入朝觐见。

11　石厚得计回去告诉了州吁。州吁非常高兴，立即备下厚礼，指令大夫石厚护驾，亲自拜会陈桓公。

12　州吁和石厚来到陈国，陈桓公远道相迎，并在太庙举行迎宾仪式。石厚先到，看到太庙门前立着一块石碑，上写：为臣不忠，为子不孝者，不得入庙。

13 石厚忙问：“立这个碑是什么用意呢？”陈国大夫子铖回答说：“这是陈国的祖训，我们群臣时刻牢记，随时警戒自己。”

14 入庙后，宾主分左右排站定，正欲行礼，子铖忽然大声喝道：“周天子有令，只捉拿弑君贼州吁、石厚两人，其余随从一应俱免。”

15 话音刚落，两边卫士已将州吁拿下，石厚想拔剑格斗，也被卫士擒服。州吁、石厚大喊冤枉，众人也疑惑不解。只见子铖拿出一封血书，宣读了州吁、石厚二人弑君篡位的罪行，众人方知原委。

16 原来，石碏早就用自己的鲜血记下了州吁、石厚的罪行，并派专人送到了陈国，请求子铖和陈桓公帮忙，制服这两个弑君的国贼。

17 捉住州吁、石厚，陈桓公马上通知了石碏。石碏亲自上朝，会集百官，讨论州吁、石厚的弑君之罪。石碏说：“二逆的罪行不可赦，石厚虽是我的亲儿子，但也要依法惩处，以祭奠先君之灵。有谁愿意担此重任？”

18 右宰丑说：“乱臣贼子，人人得而诛之，丑当前往。”百官都说：“右宰正当此任。”但有人提出首恶州吁该当处死，石厚是从逆，可以从轻定罪。石碏却坚决不同意，并要求亲自去杀这个为虎作伥的儿子。石碏的管家獳羊肩说：“国老不必发怒，我当代您前往。”

19 右宰丑和獳羊肩来到陈国，将州吁和石厚押往市曹问斩。石厚曾请求说：“我是罪不容赦，但希望能死在卫国，死前再见父亲一面。”羊肩说：“我奉你父亲之命，来诛杀逆贼。你如果怀念父亲，我就携你的头颅去相见吧。”说罢拔剑斩杀石厚。

20 廉明公正是不徇私情的，石碏可以称得上是表率，所以左丘明写《左传》时，称赞他“为大义而灭亲，纯臣也”。

# 廉

清直奉公之道

LIAN QINGZHI FENGGONG ZHI DAO

## 李离舍身护国法

1 李离是春秋时的晋国大夫，晋文公重耳即位不久便任命李离为晋国的最高司法长官。

2 李离一贯忠于职守，执法严明，经他亲自处理过的数百件案子，无不公正合理地了断，从不冤枉好人，也不放过坏人。他执法的公正、严明在晋国有口皆碑。

3 李离认为：法律是一杆秤，无论社会地位高低、出身贵贱，都应当接受它的权衡，丝毫不能特殊，这样才能国富民强，社会安定。

4 有一回，李离由于轻信了下属一个官员的假报告，在审理一桩刑事案件时做了错误的判断，处决了一个无辜的人。

5 事后，案件的内幕被揭露出来，被处决的人是冤枉的。回想起这件事，李离痛心疾首，追悔莫及。他感到自己身为长官，犯下了这种无法弥补的罪过，实在不能原谅。于是，他命令下属把自己绑起来，戴上枷锁，去见晋文公，请求对自己依法治罪。

6 晋文公正在处理公务，忽见李离披枷戴锁，一副囚徒打扮，大吃一惊，同时又感到莫名其妙，急忙问这究竟是怎么回事。

7 李离把事情的来龙去脉述说了一遍，最后严肃地说：“我身为司法长官，如此草率地枉杀了无辜者，这是无法原谅的罪过。请您将我依法治罪，我绝不会有怨言的。”

8 听完李离的话，晋文公长吁了一口气，立即令身边的侍从为李离除去了枷锁，然后不以为然地说：“李爱卿，你太过于苛求自己了，何必这样小题大做呢？这个案子的错判是下边人的失误导致的，又不是你故意如此。算了，你快快回去吧，还有许多大事等着你去处理呢！”

9 虽然晋文公并没有把这个案子当一回事，可是李离的心情依旧非常沉重，他认为自己无论如何也是罪不容恕，按照国家的法律，身为执法官，岂能明知犯了罪还逍遥法外呢？于是便再三为此事请晋文公治罪。

10 晋文公一看李离坚持要求治自己的罪，就说："好了，李爱卿，如果你一定要坚持惩罚的话，那也应先把你那个搞错案的下属治罪，至于你嘛，最多也就是承担个领导责任罢了。这事不就了结了嘛！"

11 但李离仍跪在地上，心情沉重地说："晋公，您说得不对！我乃晋国的最高司法长官，职位比下属高，可从来没有把自己的权力交给部属一点；我的俸禄享受很高，也从来没有分给部属一点。如今出了错杀无辜的罪过，却把责任推给人家，这能说是公道吗？"

12 听了李离的话，晋文公又说："要是按你的说法推论，凡是部下出的错，上司都有罪，那么我为一国之君，什么不好的事都应当承担了，这件事我是不是也有罪呢？"

13 李离马上说："话不能这样说，您与我不同。您认为我这个人能听微决疑，体察民情，公平断案，所以才让我掌管全国的刑罚和监狱。可是我未能体察民情、释疑辨证、公正断案，以致出现了严重的差错，上辜负了国君，下侵害了百姓，那么，还有什么资格再去执法呢？"

14 李离依然请求晋文公治自己的罪，舍身护法情真意切，可晋文公哪里又舍得李离这样的爱臣为此小事而被处死，一时却又找不到合适的办法来劝服这位执拗的法官。

15　正在这个时候，李离趁晋文公不备，突然从卫士手中夺过短剑，放在脖子上猛一拉，便立即倒在了血泊中。晋文公听到众人惊叫，猛一抬头，只见李离已停止了呼吸。

16　公正执法，不仅是对他人；严于律己，更显出廉洁本色。李离以身护法，自刎而死，不仅在当时的晋国传为佳话，而且对我国历代的司法官吏都产生了深远的影响。

# 孙叔敖教子归乡

1 春秋时的楚国，有一个叫孙叔敖的人。

2 楚庄王当了国君以后，广泛招揽人才，梦泽的地方官就把孙叔敖举荐给楚庄王。

3 孙叔敖离开梦泽时，当地的乡亲都来送他。有位老者叮嘱他说：“地位越高，越要谦逊待人；官职越大，就越要小心谨慎；俸禄越多，就更要廉洁奉公。”

4 孙叔敖上任后，牢记这三条准则，辅佐楚庄王改革政制，整顿吏治，力图使朝政清明。楚庄王也是个开明的君主，孙叔敖的合理建议他都采纳了。几年之后，楚国逐渐变得强盛起来。

5 可是，没过多久，孙叔敖积劳成疾，一病不起，尽管楚庄王为他找了国内最好的名医，也没有好转。

6 临终前，孙叔敖将一卷奏章交给儿子，要儿子转交给楚庄王，并嘱咐儿子说：“你没有治国之才，我死后，你不要再做官，回去务农吧。如果大王封给你土地，不要拿好的地，要那块没人耕种的寝丘就行了。”说完合上眼睛，与世长辞了。

7 他的儿子孙安按父亲的遗嘱把奏章呈交给楚庄王。楚庄王打开一看，里面谈了许多忧国忧民的政见，最后说道：“承蒙大王的厚爱，我一个普通的乡下人做了楚国的令尹，大王恩宠，难以回报。如今要离大王而去，我别无他求，只有儿子，他才能平凡，请大王让他回乡生活就是对他的照应了。”

8 楚庄王被孙叔敖的一片诚心所感动，一边看，一边流泪，看到最后已泣不成声，悲痛地喊道：“苍天啊！为什么夺走我的股肱之臣！”他想把孙安留在身边，可孙安不愿违背父亲的遗愿，坚持要回家乡，楚庄王只好同意了。

9 孙安回到家乡以后，生活很贫困，靠打柴维持生计。

10 楚庄王整日打理国事，也无暇顾及孙安。加上令尹官职显赫，俸禄颇高，楚庄王也想不到孙叔敖的儿子孙安清贫如此。而孙安牢记父亲的嘱咐，绝不给楚庄王找麻烦。

11 过了很长时间，有一天，楚庄王身边的一位老人优孟到梦泽去办事，路上遇见了孙安，只见孙安衣衫褴褛，背着一大捆柴草，一副穷困潦倒的样子。优孟心里很难过，心想：孙叔敖为楚国竭尽心力，办了那么多的好事，他的儿子竟贫困到如此的地步，楚庄王为什么不问问呢？

12 回到京城以后，优孟就琢磨怎样找机会将这件事告诉楚庄王。

13 过了一段时间，楚庄王在宫里招待文武大臣，让优孟演出个节目，为大家助兴。优孟想：这正是劝谏楚庄王的好机会。

14 一会儿，宫中戏台拉开，台上出现了“楚庄王”。他无精打采，悲悲戚戚地说：“孙叔敖啊，你至死不忘国家，真是我的好帮手啊！”台下的楚庄王也随之流下了思念的泪水。

15　这时，台上的“楚庄王”又说：“孙叔敖啊，我太思念你了，能让我们再见一面吗？”随着喊声，“孙叔敖”从后台走了出来。

16　台下的楚庄王惊呆了，“难道孙叔敖真的还活着吗？”他赶紧擦了擦泪眼，跑上台去，拉着“孙叔敖”不住地说：“我可想死你了，你不要再走了。”

17 这时，扮演孙叔敖的优孟说话了：“大王，我不是孙叔敖，是优孟。”楚庄王问道：“那你为什么要演孙叔敖？”优孟就唱了一段曲子，婉转地道出了孙安的困境。

18 楚庄王听了，不胜惭愧，忙派人去接孙安。

19 孙安衣衫破旧，脚穿草鞋立在楚庄王面前。楚庄王见孙安穷困如此，难过地说："我赐你一座城吧！"孙安说："父亲嘱咐过，不能接受这样重的封赏。如果可以，请大王把寝丘那块地封给我吧。"

20 楚庄王说："那是块没人要的薄地呀！怎么能给你呢？"孙安说："这是父亲的遗愿，父亲一生节俭清廉，我怎能违背呢？"

21　楚庄王叹息道：“你父亲真是一个公而忘私的清官呀，我只能成全你父亲的遗愿，让他的清廉永存于世吧。”

22　身居高官而清廉至此，这真是难能可贵呀。

# 廉

## 清直奉公之道

LIAN QINGZHI FENGGONG ZHI DAO

## 田穰苴严法治军

1 春秋时期，齐国有个大夫叫田穰苴。

2 当时，晋国攻击齐国的阿邑、鄄邑，燕国又侵占齐国的河上地方，齐军屡战屡败，溃不成军。

3 为此，齐景公整天寝食不安，愁眉不展。

4 田穰苴当初不过是个地位普通的人，但他的好朋友晏婴则是齐国大臣。

5 一天，田、晏二人正在屋里下棋，有人禀报说："齐王召晏丞相立即进宫，有要事相议。"晏婴放下手里的棋子，匆忙进宫去了。

6 原来，齐景公正为齐军打了败仗、边关吃紧而愁容满面。

7 看见晏婴，齐景公忧心忡忡地说："晋国和燕国不断吞食我国，本应回击他们，但是眼下齐军没有一个好统帅，真是心有余而力不足呀！"

8 晏婴沉思了片刻，对齐景公说："我有一个好朋友叫田穰苴，此人文能安抚人心，武能克敌制胜，精通兵法，您不妨让他担当此任。"

9 齐景公马上召田穰苴进宫，跟他谈论边防和军事。交谈中齐景公发现田穰苴文武全才，便提出让他担任大将军，率兵抗击侵略。

10 田穰苴对齐景公说：“我地位低下，君王把我由平民破格提拔放在大夫之上，恐怕军中官兵不会服气，百姓对我也缺乏信任。资历浅薄而权威不足是无法统率大军的，希望能派一位君王的宠臣，官兵所尊敬的人来担任监军。”

11 齐景公笑着说："这个你放心，我派大将军庄贾做你的监军，由他辅佐你，我看不会有人敢不听你的号令。"

12 于是，田穰苴便接受了这个职务。

13 接着，齐景公又传庄贾进宫，向他介绍了新的大将。

14 庄贾看了看站在一边的田穰苴，毫不在乎地说：“既然晏丞相保举田穰苴来统率齐军，说明他自有统兵的才能，何必还要监军呢？”

15 齐景公解释说：“寡人念你德高望重，久经沙场，而田穰苴是初次指挥这么大的战斗，在齐军中还没有树立起威信，而由你来做他的监军，将士们必然会听从号令的。”

16 听了齐景公的话，庄贾得意地笑了起来，说：“既然这样，那我只好奉命前往了。”当下，两人商定，次日正午在营门会合。

17 回到家里，田穰苴告别了母亲和妻子，立刻去了军营，他下令全军：明日正午准时出发！

18 田穰苴特意让人在营门外装了一个测影日晷，又安放了一个滴漏，以此来检查将领们是否遵守军令。

19　可是庄贾根本没把这事放在心上，在家中与前来送行的亲戚朋友喝起酒来。

20　到了约定的时间，庄贾没到军营，田穰苴下令撤去日晷，放掉滴漏中的水，全军列队，开始检阅。

21 宣布完军纪，检阅完将士，已是太阳偏西，这才见到庄贾带着几个侍从姗姗而来。

22 田穰苴压着火问道：“为什么迟到？”庄贾嘴里带着酒气，说：“区区不才，有劳大夫和亲戚们送行，所以耽搁了。”

23 田穰苴说："将军接到命令，就应该忘掉家庭；面对军纪法规，就应忘掉父母；击鼓进军与敌作战，就应忘掉自己的生命。如今敌国入侵，国内不安，君王焦虑，士兵艰辛，国人的性命都在你掌握之中，为什么还要怠慢？"

24 田穰苴召来军正问道："按照军法，违约迟到者怎么办？"回答说："应当斩首！"

25 庄贾害怕了，派人飞报齐景公求救，但还没等信使回来，田穰苴就斩了庄贾，三军将士无不震惊。

26 过了一会，信使拿着齐景公的符节，驾马车奔进军营来赦免庄贾。田穰苴说：“将在外，对君王的有些命令是可以不接受的。”

27 又问军正道："在军营中骑马奔跑，军法怎么说？"军正说："应当斩首。"

28 使者惊惶失措，田穰苴说："国君的使节，不可杀他。"

29　于是斩了使者的随从，砍了车子左边的车辕和左边的那匹驾车的马，以此来号令三军。田穰苴让使者回去报告，然后率领齐军出发。

30　由于田穰苴军纪严明，指挥有方，齐军军威大振，连战告捷，很快收复了失地。执法如山，一视同仁，这样才能令行禁止，战无不胜。

# 廉

清直奉公之道

LIAN QINGZHI FENGGONG ZHI DAO

## 晏婴尚俭拒新车

1 春秋时期，齐国有个大夫叫晏婴。由于他职位高，资格老，大家都很敬重他。

2 但晏婴自己十分清廉俭朴，住的是坐落在闹市但低矮的房子，乘的是破旧的车子，拉车的也是劣马。

3 有一天，晏婴驾车上朝，正好被齐景公看见。见他车破马老，齐景公很感慨。

4 转念一想，晏婴身为齐相，这么寒酸，外人知道的说晏婴俭朴廉洁，不知道的人还以为我不关心老臣的日常生活，这不是有损我君王的形象吗？

5 于是便对晏婴说：“你的俸禄是不是太低了，为什么乘这么破旧的车呢？你的马也太老了，一点精神都没有。”

6 听了齐景公的话，晏婴微微一笑，回答说：“靠您的赏赐，我可以维持我家庭和亲人的生活。我穿得暖，吃得饱，住得也很舒适，出门还有车马。虽然车子旧点，马也走得慢些，但对我来说，已经很满足了。”

7 听晏婴这么说，齐景公也不好再说什么，但等晏婴走了以后，他就吩咐人造了一辆崭新的马车，又选了几匹强壮漂亮的马，一起送给晏婴。

8 可是，车马送到后，晏婴不肯接受，送车马的人反复说是齐景公的好意，晏婴还是不肯接受，于是一推再推，最终还是没有收下送来的新车和良马。

9 齐景公知道后，心里很不高兴，心想：晏婴也太不给我面子了！好心好意帮助你，为什么要这么固执地拒绝呢？

10 于是，齐景公立即召见晏婴，一脸不高兴地说："你不肯接受车马，那以后我也不要车马了。"

11 晏婴一看齐景公在赌气，马上回答说：“您让我管理文武百官，帮助您统治百姓，我节衣缩食，努力为全国上下做出榜样，常常唯恐自己太浪费奢侈。”

12“现在，您有车马，我也有车马，如果我还不满足，非要坐豪华的车，那么其他官员和百姓追求衣食奢华，行为越轨、不讲信义的话，我就没有理由去禁止和教育他们了。所以，我这么做，既是为百官和人民做榜样，也是为您树立形象啊！”

13 听了晏婴的话，齐景公点头赞许，于是不再生气，也没再要求晏婴接受自己赏赐的车马。

14 过了一段时间，齐景公设宴饮酒，陈桓子在旁边伺候。那天晏婴来得稍晚，陈桓子看见晏婴来到，就对景公说："请罚晏婴一杯酒。"

15 齐景公问："为什么呀？"陈桓子说："晏婴穿着黑绸衣，外罩麋鹿皮做的袍子，乘着破旧的车上朝，把您的赏赐完全给埋没了，这也不利于您树立威望呀！"

16 齐景公说："对呀，就罚他一杯酒吧。"斟酒的人捧着一杯酒，送到晏婴面前说："国君罚您一杯酒。"

17　晏婴忙问："为什么？"陈桓子就把刚才对齐景公说的话又重复了一遍。

18　晏婴听完，就对齐景公说："您赐给我最高的权位，我不敢向人炫耀，我只是执行您的命令罢了；您赐给我高薪厚禄，我也不敢享受，只是接受了您赏赐的心意罢了。"

19“我听说，古时的贤臣，接受了很多赏赐而不照顾自己的族人，便要受惩罚；担任了要职而又无法胜任，也要受惩罚。国君的内臣，臣子的父兄，如果离开了您，流散在野外，这是我的罪过；军备不充实，战车得不到修理，这更是我的罪过。”

20“至于我乘着破旧的车，驾着跑不快的劣马上朝，这不是我的罪过。因为您的赏赐，我的父辈亲友没有人挨冻挨饿，而且丰衣足食，外出有车坐。还有许多等待选拔任用的人们，正等着我去解决他们的吃饭问题。如此看来，我的做法是埋没您的赏赐，还是彰显您的赏赐呢？”

21 听完晏婴的话，齐景公忙说：“你说得对啊，那么替我罚陈桓子一杯酒吧！”

22 晏婴身居高官显位而追求俭朴清廉，拒绝豪华奢侈，这不仅是个人的美德，而且他的行为会带动国家形成廉洁朴素的好风气。

# 廉

## 清直奉公之道

LIAN QINGZHI FENGGONG ZHI DAO

## 腹䵍依法斩独子

1 在战国时期的秦国，墨家有位著名大师腹𬴂，他学识渊博，为人忠直，奉公守法，廉正俭约，很受国人的尊敬。

2 不过，腹𬴂的独生儿子却很不争气。他整日游手好闲，不务正业，与一些纨绔子弟结帮成伙，常常惹是生非，违法乱纪。

3 为此，腹䵍日夜担心，但他儿子却屡教不改。

4 终于，悲剧发生了。有一天，这不争气的儿子因为一点小事与别人发生口角，争执中他拳打脚踢，最后将对方打死了。

5 这件人命案很快轰动了京城，主管秦国司法的最高长官司寇也知道了这件事。依照法律，杀人偿命，腹䵍的儿子应该处以死刑。

6 可是，司寇向来与腹䵍关系密切，交情很深。他想：腹䵍年事已高，这是他唯一的儿子，如果依法执行，腹䵍家就会绝后，这是很残酷的一件事。

7 可是，这件事已闹得满城风雨，民怨沸腾，如果不问罪，则国法难容。作为全国最高的司法长官，如果对这么严重的杀人大案不闻不问，就是失职，就是徇私枉法。怎么办呢？思前想后，他左右为难。

8 最后，司寇终于想出了一个两全其美的办法，既可以保住腹䵍儿子的性命，又能让自己不致因徇私枉法而承受内心罪恶感的折磨，更不会落个庇护杀人犯的罪名。他想，如果把这件事呈到秦惠王那里，此子必会得到秦惠王的赦免。

9 于是，司寇把这件事的前因后果详细报告了秦惠王，并对秦惠王说："腹䵍就这么一个儿子，如果杀人偿命，那么为您操劳了一辈子的老臣就会暮年丧子，这不是太可怜了吗？"

10 刚听说这件事时，秦惠王也感到很气愤。

11 但听司寇这么一说，惠王想到腹䵍廉洁一生，如今年龄这么大了，失去这根独苗，实在是太残忍了。于是便下了一道敕令，让司寇免腹䵍儿子一死。

12 腹䵍自从知道儿子打死人以后，心情非常沉重。一方面，他恨这个不成器的儿子，无故杀人，引来了杀身之祸；另一方面，他也为自己身为大夫而没能管束好儿子感到难过。

13 亲戚朋友听说了这件事，纷纷前来说情，有的说让腹䵍去找秦惠王求情，请他赦免孩子；有的劝腹䵍找司寇通融，让他对孩子从轻发落。

14 可腹䵍婉言谢绝了众人的好意，他说：“杀人偿命，这是秦国的法律。这孩子不学好，触犯了法律，理应受到处置，我怎能徇私枉法呢？”

15 腹䵍横下一条心，就是不去通融求情，只等着孩子伏法。

16 可是，等了好几天，依然没什么动静。腹䵍正纳闷，有人告诉他："秦惠王看你年迈，只有一个儿子，已经下令赦免了他。"

17 听了这话，腹蘼心里不仅没有感到轻松，反而更沉重了，于是，他马上进宫觐见秦惠王。

18 腹蘼对秦惠王说："我那不成器的儿子这次无故打死人，罪不容赦。儿子犯罪是我管教不严造成的，怎么能对我们两个都应受到惩罚的人如此宽容呢？"

19　秦惠王一向佩服腹䵍的自律和为人，听了这话便笑着说：“您的儿子是犯了重罪，理应严惩，但我念及您年事已高，又只有这么一个儿子，所以我让司寇免他一死，由您好好管教算了。”

20　腹䵍对秦惠王恳切地说：“臣的逆子无故杀人，不应宽待。杀人偿命，这是法律的规定。大王特别照顾我们父子，是一片好意，但我们又怎能违背法律？这次赦免了他，以后别人再犯了同样的罪该怎么办呢？”

21“那么，您忍心让自己的独生子受极刑吗？”秦惠王又问道。

22 腹䵍流着泪说：“我怎能不心疼自己的孩子？但我爱他是要让他走正路，为国效力，绝不是让他胡作非为。他犯了死罪，我是不能徇私枉法的。”

23 在腹䵍的一再坚持下，秦惠王终于撤销了赦免令，又重新下了一道命令，将腹䵍的儿子处斩。

24 廉正护法有时需要非凡的勇气，腹䵍为廉灭亲的行为是一般人难以做到的，所以一直受到后人的称颂。

廉

清直奉公之道

LIAN QINGZHI FENGGONG ZHI DAO

# 张释之拒行帝旨

1 在汉代，出了一个拒行帝旨、秉公执法的司法官，他名叫张释之，河南南阳人。

2 有一次，皇太子刘启和梁王刘揖兄弟二人乘车进宫。按当时的规定，凡进宫者，无论文臣武将、王公贵族，在司马门前都必须下车或下马，违反规定，必须治罪。

3 可是，刘启和刘揖倚仗自己是皇室子弟，根本不把国家法令放在眼里，来到司马门前，不但不下车，反而策马扬鞭，长驱直入。

4 碰巧，此时张释之也进宫，远远看见一辆车子闯门而入，便问守备的军士：“刚才是什么人，如此目无法纪，直闯司马门？”

5 卫士惊慌地回答说：“是皇太子和梁王，我们也没法管呀！”

6 张释之一听，非常气愤，二话没说就追上去，冲到太子车驾的前面，张开双臂拦住了正在行进的马车。

7 太子刘启和梁王刘揖见有人胆大包天竟敢拦自己的车，便傲慢地斥骂张释之。

8 张释之毫不示弱，义正辞严地质问他们："国家法令规定，出入司马门者必须下车，你们为什么不下车呢？难道法令对你们无用吗？"

9 一席话，问得太子和梁王张口结舌，无言以对，只好下车步行。事后，张释之还写了一道奏章，弹劾太子和梁王。

10 为此，汉文帝的母亲薄太后怪罪汉文帝，文帝脱帽谢罪说："这件事是我教子不严所致。"并严肃教训了太子刘启和梁王刘揖。

11　从此，汉文帝很看重张释之，并把他提升为廷尉。张释之任廷尉后，做了一件令汉文帝也意想不到的事。

12　有一天，风和日丽，汉文帝兴致勃勃地到渭阳城游玩。他率领着文武百官，妃嫔宫女，浩浩荡荡地离开了未央宫，出了京城。汉文帝在前呼后拥之中，威风凛凛地高坐在御车上，随意眺望，悠然自得。

13 正当汉文帝的御车上了一座旱桥时，突然有个人从桥下跑出来，正巧冲撞了汉文帝御车的马。

14 御车的马受了惊，顿时狂奔起来，不但冲乱了井然有序的出游队伍，还差点将汉文帝从车上摔下来，吓得他大叫一声，出了一身冷汗。幸亏旁边的护卫人多，死死地拉住了御马，这才避免了一场事故。

15 凶悍的侍卫一拥而上，将那个惊吓御马的人按倒在地，绑了起来。汉文帝虚惊一场，龙颜大怒，命令廷尉张释之对此人严加惩处。按照汉朝的法令，皇帝出行，老百姓是要回避的，要是冲撞了皇帝的车队，必要受到惩罚。

16 张释之一审问才知道，原来这是个初来长安的乡下人，他刚走到桥上，就听到了吆喝开道的声音，听说是皇上的马队过来了，所有的人都得回避，惊慌得不知如何是好，忙乱中跑到桥下躲了起来。

17 过了一会儿，大队人马上桥来了，他在桥下屏息呆了好一阵，以为皇上的马队走得差不多了，就从桥下跑了出来。他哪里想到，这个庞大的出游队伍才过了一半，正赶上汉文帝的御车上桥。乡下人惊呆了，慌乱中正好跑到了队伍中间，与皇帝的马车迎面撞上。

18 张释之问明案情后认为，乡下人惊驾完全是出于无意，只判他交了一些罚金便放了他。

19 汉文帝原以为张释之会将那人斩首示众，事后听说已将人放走，只判了些罚金，心里很不痛快。他责问道：“他惊了我的马，险些害我摔下车去，你竟然只把那恶棍判了罚金，这合适吗？”

20 张释之回答说：“那人不是恶棍，不过是一个乡下人。他遇到皇上您的车驾已是心惊肉跳了，完全是出于无意，怎么能重罚他呢？如果我因为您是皇上，就重罚这个无意的乡下人，各级司法官员都会来效法，那么全国要冤屈多少人啊！”

21 汉文帝听了张释之这一番有理有据的陈辞，方才转怒为喜，点头称赞说："廷尉，你做得对！"

22 国家的法律对任何人都是一样的，不应因地位高下而有所改变。只有秉公执法，才能赢得天下人的信任。

# 廉

清直奉公之道

LIAN QINGZHI FENGGONG ZHI DAO

## 霍光秉公辅帝政

1 西汉昭帝手下有一位贤臣，叫霍光。

2 他辅佐朝政时，汉昭帝还是个刚即位尚年幼无知的孩子，根本不懂得如何治理国家。

3 霍光为了朝廷的稳定，为能使老百姓安居乐业，不厌其烦地向汉昭帝进谏，请求汉昭帝采取一些开明的政策，减轻老百姓的赋税和徭役，移民屯田，发展农业生产。

4 遇到灾荒年，霍光就提议减少或者免除受灾地区的赋税，开仓赈济灾民，尽力减轻灾荒造成的危害。由于他的正直和敢于进谏，汉昭帝时朝政清明，国泰民安。

5 可是，霍光一心为公、不徇私情的作为也引起了一些贪鄙大臣的不满和忌恨。他们把霍光视为眼中钉，想伺机拔掉这颗钉子。

6 霍光与左将军上官桀是亲家，上官桀的儿子上官安是霍光的女婿，这个人贪婪成性，一心想要当官。

7 他有个女儿，刚刚六岁。为达到升官发财的目的，他想让自己六岁的女儿嫁给汉昭帝当皇后。

8 他惧怕霍光的威严，便让父亲上官桀去找霍光疏通。霍光为孩子着想，对上官桀说："您的孙女刚刚六岁，送到宫里还小，这样做不合适。"上官安没有达到目的，便在心里暗暗记恨霍光。

9 汉昭帝从小死了母亲，是姐姐盖长公主把他带大，所以他把姐姐当成母亲一样看待。

10 上官安知道盖长公主的话汉昭帝绝对服从，便去找盖长公主的朋友丁外人。丁外人能言善辩，用花言巧语说服了盖长公主。

11 汉昭帝听从了姐姐的安排，立上官安六岁的女儿为皇后。上官安便一跃成为国丈，还做了车骑将军，好不威风。

12 为了感谢丁外人，上官安又去向霍光求情，让霍光封丁外人为诸侯。霍光看不起上官安的卑鄙势利，没有答应。

13　上官安没有办法，只好让父亲上官桀去找霍光。霍光对亲家说：“无功不封侯，这是高祖立下的制度，谁也不能违抗。”上官桀见封侯不成，就又请求说：“那就拜他为光禄大夫吧！”霍光严肃地说：“丁外人无功无德，怎么能给他官爵呢？身为朝廷要臣，不能无视国法吧？以后请不要再提此事。”

14　上官桀讨了个没趣，怏怏地走了，从此上官父子俩更加嫉恨霍光了。

15 于是，他们便设计除掉霍光。他们先巴结汉昭帝的同父异母哥哥燕王刘旦。

16 而后又纠集了一些反对霍光的宫中大臣和盖长公主，准备除掉霍光，废掉汉昭帝，立燕王刘旦为皇帝。然后再想办法杀了刘旦，立上官桀为皇帝，这样一来上官安就是当然的太子了。

17 正巧，前不久霍光曾把一个很有作为的校尉调到大将军府里。

18 上官安这伙人便借机陷害霍光，向皇上禀报说：“霍光以权谋私，私自调自己心腹进宫，这是阴谋结党，犯上作乱呀！”

19 汉昭帝还算圣明，没有轻信他们的话，而是私下里进行了调查，发现霍光并无歹意，便明白了上官桀等人是要借刀杀人，于是戳穿了他们的阴谋，反而更加信任霍光了。

20 正在上官安等人筹划谋杀霍光时，朝中有人发现了他们的阴谋，很是气愤，就告诉了霍光。霍光想：我自己死了不要紧，可这样一来，朝中就要大乱，这伙势利小人上台，百姓就要遭殃了。绝不能让他们得逞。

21 于是，霍光联络了宫中的可靠官员，进行了周密的安排，将计就计，除掉了这批乱党。

22 为避免这种事情再发生，霍光劝谏皇上，要安抚民心，争取民心。同时精减宫中的官员，尽量不让不法人员有可乘之机。他又多次谏议皇帝派兵加强北方的边防防卫。老百姓们高兴地说：“孝文皇帝和孝景皇帝的开明盛世又回来了。”

23 霍光任官二十年，吏治清明，天下归心。他死后，人们都怀念这位一心为公、品德高尚的大将军。

24 廉洁的人总是刚正不阿，因为他们没有私念，所以为国为民他们敢于豁出性命去干，虽然有时会受到小人的陷害，但历史终究会对他们做出公正的评价。

# 廉

清直奉公之道

LIAN QINGZHI FENGGONG ZHI DAO

## 董宣硬颈震京城

1 东汉初年，在京城洛阳，有位被人称为“强项令”的最高行政长官，他就是廉正刚直，宁折不弯“硬脖子”的董宣。

2 东汉建都洛阳后，许多皇亲国戚、功臣显贵居功自傲、耀武扬威。

3 其中光武帝刘秀的姐姐湖阳公主更是目空一切，对此，连续几任洛阳的地方官都颇感头痛。

4 后来，须发花白的董宣担任洛阳令的职务，当时他已69岁。开始，京城的权贵们谁也没把这个糟老头放在眼里。

5 一天，湖阳公主的一名家奴在街上闲逛，因为一点小事和人发生口角，结果不由分说就把对方给杀了。

6 董宣知道了这件事，立刻下令逮捕那名家奴。那家奴知道惹了祸，就躲进湖阳公主的住宅。董宣下令，只要家奴一出来，就立即将其逮捕。

7 不久，监视的人回来报告说：那家奴跟公主的马车一同出来了，只是公主在场，没办法下手抓他。董宣一听，立即带人拦住了公主的马车。

8 湖阳公主坐在车上，看着这个拦住自己马车的白胡子老头，傲慢地问道："你是什么人？竟敢拦我的车！"

9 董宣上前施礼，恭敬地说：“我是洛阳令董宣，有人报告杀人罪犯就在公主车里，正躲在公主身后。”

10 公主一听，小小的洛阳令竟如此不客气地向她要人，不屑地说：“你长了几个脑袋，敢拦我的车抓人？好大胆子！”

11 眼见湖阳公主这样蛮横，董宣猛地从腰中拔出宝剑，严厉地责问道："公主身为皇亲，为什么不守国法，竟然庇护杀人凶手呢？"湖阳公主被董宣的凛然正气给镇住了，一时目瞪口呆，不知所措。

12 董宣一声令下，洛阳府衙的军士一拥而上，把杀人的家奴从公主车中拽了下来，当场斩首。

13　这下子可惹怒了公主。她不仅失了个奴仆，而且在光天化日之下丢了面子。她狠狠地瞪了董宣一眼，调转车头直奔皇宫。

14　见到刘秀，湖阳公主又哭又闹，非要让刘秀马上杀了董宣为自己出口恶气。光武皇帝听了湖阳公主的哭诉，心里也感到不痛快。

15 他宣董宣入宫，要用棍子打他。董宣面无惧色，冲着刘秀大声说：“皇上不必如此，待我把话讲明，再死也无妨。”董宣接着说：“皇上乃大汉朝的中兴之主，向来注重德行，您自己说过要用文教和法律来治国。现在公主在京城纵奴杀人，皇上不但不加以管教，反而杀执法的臣下，国法还有没有用？现在我说完了，皇上也不用打，我现在就死。”

16 说完，挺着脖子就朝殿上的大柱子撞去。两边的卫士一下没拉住，董宣已是头破血流。光武帝早已被董宣的言辞所打动，赶紧叫人将董宣死死抱住，并说：“董宣，你只要给公主磕个头，赔个不是就行了。”

17 可董宣偏不妥协，他说自己没错，宁可死也不磕这个头。刘秀想给姐姐一个台阶，就让站在身后的内侍去按董宣的头。董宣就两手撑地，硬挺着脖子坚决不让头低下去。

18 内侍们被董宣的凛然正气所震动，同时也看出皇帝只是想给公主个台阶下，所以按了几下就说：“皇上，董宣的脖子太硬，实在按不下去。”

19 刘秀听了，情不自禁地笑出声来，随即挥了挥手，将董宣放了。

20 湖阳公主亲眼见了这惊心动魄的一幕，知道董宣舍身护法连皇帝也不怕，并不是专门使自己丢面子，气也就消了一半。刘秀乘机劝服了湖阳公主，平息了这件事。

21 从此“强项令”的美名传遍了京城，权贵们顿时规矩多了。当时洛阳流传着一句民谣：“桴鼓不鸣董少平。”意思就是说：董宣当洛阳令，没有人敢胡作非为，所以也就没人去府衙击鼓鸣冤了。

22 不畏权贵，舍命护法，“硬脖子”董宣留给后人多少启示啊！

# 廉

清直奉公之道

LIAN QINGZHI FENGGONG ZHI DAO

## 毛玠选官倡廉政

1 毛玠，三国时期著名的清官。因为他任县吏时公正无私，廉洁清白，被当地人誉为“清公”。

2 当时魏王曹操正大力招揽贤才，就征辟毛玠为自己的幕僚。毛玠也以自己的才干和清廉赢得了曹操的信赖和器重。

3 毛玠任职不久，曹操便召他来自己的府上，语重心长地对他说："现在朝中有一些官吏品行不端，结党营私，贪赃枉法，致使朝中混乱，影响我治国安邦的政绩。我想对朝中官吏重新进行一次考核和任免，这事就交给你和崔琰办吧！"

4"罢黜贪官，立清廉之风，乃治国安邦的大计，臣一定尽心竭力。"毛玠神色严峻地说。

5 第二天，毛玠到任，颁布了选官的条件和考核办法：以清廉有为、品德高尚为标准，对那些结党营私、品行不端的人一律罢免。

6 朝中官吏都吓坏了。到了晚上，不少人携重礼来到毛玠府上，请求毛玠高抬贵手，不要罢免自己。也有人趁机建议毛玠给自己的亲信安排个合适的位置。

7 毛玠见来求情的人太多，索性在大门上贴上“谢绝会客”四个大字，关紧了大门，不接待任何客人。

8 从东汉时起，历次选官都要看出身是否高贵，出身低微的人别想入朝为官。所以当时流行着“上品无寒门，下品无士族”的说法。

9 毛玠想：多年来这种门阀制度扼杀了许多出身低微的人才。我这次就要打破这一制度。于是，在选官时，他有意选拔那些出身贫寒但有德才的人为吏。这在以前是从来没有的。

10 一时间，毛玠的选官方式在全国引起了震动。那些出身低微的人进入朝廷为官以后，都一心为国，努力工作，谁也不敢奢侈。许多有钱的官吏见到这种情形也不敢乱来了。

11 官吏们出门或上朝，有的只坐简陋无饰的车子，有的干脆穿着朝服徒步而行，整个都城看不到一辆华丽的车子，就连吃饭也变得简单了。当时人们都说："真是吏洁于上，俗移于下呀。"朝野上下都以俭朴为荣。

12 曹操见到这种情形，特意召见毛玠，高兴地对他说："用人能这样让天下的人各尽其才，发挥能力，我就放心了。"

13 然而，有一天，曹操的大儿子曹丕来到毛玠府上，傲慢地嘱咐毛玠说："我有几个朋友，请你安排合适的官职。"毛玠很有礼貌地对曹丕说："老臣素以能忠于职守而幸免于别人的指责，今所托之人不属于可以升迁的范围，所以请您原谅，老臣不能遵命。"

14 曹丕一听毛玠不买自己的账，大为不满，气冲冲地瞪着毛玠。毛玠见曹丕一脸怒气，心想：朝廷的制度和用人的原则是任人为贤，不能因为你是曹操的儿子就改变国家的选官原则。于是，他装作看不见，也不说什么。曹丕见毛玠不怕自己的威胁，也只好作罢，怏怏不快地走了。

15 后来，与毛玠共事多年的崔琰被人诬陷有“傲世怨谤”的言论，被曹操赐死。

16 因选官而对毛玠不满的人乘机向曹操进谗言：“毛玠为崔琰的死鸣不平，他的言论有损魏王的声誉。”

17 曹操听了非常愤怒，派人把毛玠抓来审问。毛玠心怀坦荡，大义凛然地说："我听说贾谊才华横溢，遭到周勃、灌婴谗害而流亡在外；白起是盖世英雄，却被赐剑于杜邮；晁错忠直无私，被诛杀在东都。一代名臣都不免身首分离，我还有什么可求呢？"

18"只是我兢兢业业几十年，掌管选举，得罪的人多，必遭诬陷。但我一生光明磊落，只求给我当庭对质、辩白的机会。"

19 一向专横跋扈的曹操哪里能听从毛玠的请求，不过，念及他几十年的功绩，曹操没处死他，而是罢了他的官，让他回家赋闲了。

20 廉洁刚直有时是要付出巨大代价的。像毛玠这样宁可罢官为民也不放弃原则，是需要极大的勇气的，这才是真正的廉洁啊。

廉

清直奉公之道

LIAN QINGZHI FENGGONG ZHI DAO

# 第五伦禁杀耕牛

1“哞——哞——哞哞——”一阵阵凄厉悲切的牛叫声，从会稽郡一个村落里传来。那声音凄惨刺耳，在夜空中回荡，令人毛骨悚然，不寒而栗。

2“这是怎么回事？”刚刚来会稽任太守的第五伦问旁边的一个侍从。

3　侍从回答说："这是宰牛的声音。听说这里的人常常杀牛，所以耕牛都不足了。"

4"走，咱们看看去。"说着，第五伦和侍从朝着牛悲号的方向走去。

5 第五伦是东汉时人，他家本姓田，但是在西汉时，官府大量移民到关中，田氏家族也被移来，并且要以到来的先后次序为姓，所以田氏姓就被改为了第五姓。

6 第五伦为人正直，克己奉公，办事公正，又敢于陈述自己的政见，深得刘秀的赏识，被任命为会稽郡太守。到任后，他便马上到各地巡视。

7 第五伦和他的侍从来到这里，发现家家都在杀牛。他很奇怪，来会稽前就听说这里的耕牛很少，老百姓耕田都成问题，因此这里缴纳租税很困难，还常常出现饿死人的现象，可是人们为什么要杀牛呢？

8 他来到了一户人家，见刚刚切下的牛头血淋淋冒着热气摆在堂上的供桌上。供桌上香烟缭绕，供桌下跪着一家人在那里祈祷。

9 第五伦恍然大悟：原来杀牛是为了祭神。经过了解才知道：会稽这个地方的人非常迷信，很相信神灵鬼怪之说。传说如果不用牛侍奉神灵，人临死时就会发出像牛一样的叫声，而且还会有灾难降临，所以每年的腊月或农历的初一、十五都要杀牲祭祀，供奉神灵。家家如此，耕牛便一天比一天少。

10 第五伦知道这个情况后，马上颁布文告：“谁也不许假托鬼神来愚弄百姓，违者严惩。随便杀牛的，也要严惩……”

11　规定公布之后，人们议论纷纷，说什么“天命难违”“谁敢违抗神灵会遭到天祸的”……一时间，人心惶惶。

12　有些人仍偷偷地杀牛，杀牛之后，就提着东西到第五伦家去求情。他们以为第五伦也会像前任太守那样，收了贿赂，就不再追究杀牛的罪过了。

13 第五伦非常生气，不论谁送东西一律不收，还派人到处巡视，发现宰牛的马上追查处理。

14 过了一段时间，人们发现并没有什么灾祸降临，人临死前也没有发出像牛一样的叫声，而第五伦真是尽心竭力地为百姓办事，于是停止了宰牛和祭祀，生产也就慢慢地发展起来了。

15 第五伦处处为百姓着想，当地的人都很敬仰他。可是，过了不久，第五伦受到别的事牵连，被征召入京，听候审理。临行前，会稽郡的男女老少有上千人到第五伦的府上，拦着车子不让他走。

16 第五伦含着热泪对人们说："我第五伦能力有限，愧对大家的厚爱。我到了京城，绝不会忘记你们。况且我清白为人，朝廷会明察的。"人们只好闪开一条路，让车子走了。

17 可是一路上，到处都有呼喊的人群，有的人甚至流着泪追撵着车子。第五伦一看没办法，只好途中悄悄地改从水路走了。

18 到了京城，出乎第五伦的意料，已经有上千人等候在宫门外，为第五伦喊冤。

19 汉明帝见此案惊动了这么多人，害怕万一真有疏漏，不好收场。于是，便亲自审理此案，终于查明了第五伦确实是被人诬陷，蒙冤受屈，就放他回乡，后来还任命他为蜀郡太守。

20 有的人看到第五伦这样廉洁勤俭，不徇私情，就好奇地问他说："第五伦，你到底有没有私心？"

21 听完这疑惑的提问，第五伦坦率地说：“我侄子病了，虽常去看他，但自己仍能睡着觉。我儿子病了，即使不去看他，自己却睡不着觉。我怎么没有私心？”可是，为了公事和老百姓的事，第五伦从来是把自己放在第二位的呀！

22 任何一个人都会有自己的私念和私情，但为了大家的事和别人的利益而牺牲自己的私利，这才是最为可贵的。

# 廉

## 清直奉公之道

LIAN QINGZHI FENGGONG ZHI DAO

## 吴隐之笑饮贪泉

1　东晋时，在离广州二十里的一个叫石门的地方，有一泓清澈的泉水。当时广州尚属蛮荒之地，但物产丰富，那里的官员因为缺少监管贪腐成风。

2　一天，远远走来一队人马，为首的一名官员轻快地跳下马来。他神情凛然，气宇轩昂，径直走到泉水边，望着清冽的泉水，不住地说：“好泉水，好泉水啊！”

3 说着弯腰就要去舀泉水。旁边一个小吏忙上前制止说：“大人，这泉水不能喝呀！”

4 这位官员忙站起身，疑惑地看着小吏，问道：“为什么不能喝？”小吏忙说：“这口泉是有名的‘贪泉’，据说人喝了这泉水，就丧失了自己清廉的本性，会变得贪财爱宝。大人一向以清廉节俭而著称，我怕大人喝了这泉水于大人不利。”

5 听罢这话，官员不禁仰头哈哈大笑，说：“天下还有这等事，我倒要看看这泉水能不能改变我的本性。”说完，拿起瓢舀了一瓢泉水，一饮而尽，然后长长地舒了一口气。旁边小吏看得目瞪口呆，不知如何是好。

6 官员喝完了水，遂赋诗一首：“古人云此水，一歃怀千金，试使夷齐饮，终当不易心。”然后微微一笑，带着人走了。

7 这名官员不是别人，正是东晋时赫赫有名的廉吏吴隐之。他是建安文人吴质的后代，此行的目的是到广州接任刺史职务的。

8 当时的广州，是个气候温润、物产丰富的富饶之地，从东汉以来，一直是我国重要的海上贸易中心。每年都有印度、伊朗等大量的商船往来，以往的贪官污吏往往借此敲诈商人，大量收受贿赂。

9　所以凡来广州做官的人都发了横财。当时广州流行着这样一首歌谣：“广州刺史过城门，便得私财三千万。”

10　朝廷虽明知有此弊端，但因鞭长莫及，难以遏止。最后，只好派一贯清正廉洁的吴隐之来接替广州刺史的职务。

11 吴隐之喝了这清润甘甜的泉水，更加神采奕奕，日夜兼程，直奔广州城。

12 吴隐之接任刺史后，人们听说他喝了“贪泉”水，都拭目以待，等着他的变化。但见他依旧穿的是往日的旧衫，吃的是蔬菜和干鱼。

13 他的妻子、女儿也都穿着自家纺织的粗布衣裳，在广州这个商业发达的地方还真显得有些土气。

14 有一天，他手下的一个属吏想试试吴隐之，也想讨好这个土头土脑的新刺史，就送来了许多肥鱼和海鲜。

15 吃饭时，吴隐之看着满桌子佳肴，惊奇地问："哪来的肥鱼和海鲜？"家里人不敢隐瞒，据实告诉了他。

16 吴隐之找来那个官吏，处罚了他，并且当众声明：有贪赃枉法者或贿赂者，一律从严惩处。广州的属吏们见他廉洁如此，又这样威严，谁也不敢放肆了。

17 从此以后，广州的吏治一下子好了许多。于是广州城又传出一条谣谚：“喝贪泉而不贪，不是水贪是人贪。”

18 不久，吴隐之的大女儿要出嫁了，按以前的惯例，这婚事应该很隆重、热闹。许多人都想趁这次机会与吴隐之套近乎，拉关系。

19 办喜事的当天，一大早就有人来吴隐之家送礼。谁知到了门前都愣住了：大门紧关着，门上既没张灯结彩，也没办喜事的样子。

20 过了一会儿，大门开了，吴隐之走出来，对前来贺喜的人说：“小女出嫁，有劳各位光临，我吴某深表谢意。但我想以节俭为本，所以不设家宴。大家既然来了，就请进去喝一杯喜酒吧！至于带来的礼物，还是请诸位带回吧。”

21　来贺喜的人你看看我，我看看你，谁也说不出话，都被吴隐之的清廉所感动。这在广州，还真是开天辟地第一个啊！

22　尽心国事，不图名利，挹贪泉而不渝清廉，这才是仁人君子的真实品格。

# 廉

清直奉公之道

LIAN QINGZHI FENGGONG ZHI DAO

## 长孙皇后嫁爱女

1 唐贞观六年（632 年）的一天，宫廷里格外热闹，大臣和宫女们都在忙个不停。里里外外上上下下充满了喜庆气氛。

2 唐太宗的小女儿长乐公主要出嫁了。长乐公主聪明伶俐，多才多艺，深得唐太宗喜爱。

3 爱女出嫁，做母亲的应该高兴才是。可是长孙皇后却心里空落落的，她真舍不得小女儿离开自己。可女儿大了，又不能总守在宫里。

4 长孙皇后就想为女儿多准备点嫁妆，把婚礼办得隆重气派些，这样心里似乎好受些。

5 朝廷上下忙得热闹，老臣魏征却忧心忡忡地求见皇上。

6 一见到唐太宗，魏征就严肃地说：“眼下朝廷上下都在置办长乐公主的嫁妆，大家的热情都很高，可是长乐公主的嫁妆已经远远超出永嘉公主出嫁时的嫁妆。”

7 “永嘉公主是您的妹妹，高祖皇帝的女儿，是长公主。按照礼制，长乐公主的嫁资是不应超过永嘉公主的。如果超过了，就会引起人们的议论，这对您是不利的。再说，礼制不可不守呀！”

8 太宗听了把脸往下沉了沉，他心里明白魏征说的是对的，但长乐公主是自己的爱女，也是长孙皇后的宝贝，减少了嫁资，长孙皇后心里能好受吗？

9 太宗深深叹了口气，对魏征说："你说的很对呀，我也不是不明白这个道理。可是，长乐公主是长孙皇后的爱女，长孙皇后又是位贤德开明的人。"

10"当年，我想封她的哥哥长孙无忌为大将军和吏部尚书，以无忌的才干和他对朝廷的贡献，是受之无愧的。可皇后为避免别人误会，引起嫌隙，执意不肯。她还劝说无忌不接受任职。"

11“我只好改授无忌为开府仪同三司这个没有实权的职务。她的家人没有一个位列朝廷高位的。而且皇后一向廉俭，只是小女婚嫁破例了，我怎忍心不满足皇后这点心意，让小女受不该受的委屈呢？”

12 魏征沉思了一会儿，对太宗说：“依臣所见，皇后是深明大义之人，她一定能从大局着眼，不会让皇上您为难的。”

13　可是，唐太宗还是面有难色——作为至高无上的大国之君，为爱女的嫁资太多而去说服皇后，这真有些难开口呀。

14　魏征也看出了这一点，于是便求见皇后。见到长孙皇后，魏征先道贺，接着就说："臣知道长乐公主是您的掌上明珠，现在要出嫁了，您不免有些舍不得，这是做母亲的都免不了的。"

15“可是眼下，长乐公主的嫁资已经远远超过了礼制，虽然皇后您心里舒坦了，但别人会怎么议论呢？所以请皇后忍痛减去公主的一些嫁资吧。”

16 长孙皇后听了魏征的劝谏，虽然心疼自己的女儿，但觉得魏征说得有理，就听从了魏征的劝谏，立即传旨，减少女儿的嫁妆。

17 一切安排妥帖之后，长孙皇后感慨地对太宗说：“魏征作为臣子，能用正确的道理来控制主上的感情，从长计议，这是难得的，值得敬重的。有这样的臣子，是国家的幸运啊！应该奖励他。”

18 听了长孙皇后的话，唐太宗也连连点头称是。

19 随后，长孙皇后命人即刻取来五百匹锦缎，以个人的名义送给魏征，魏征被深深地感动了。从此以后，朝廷上下都更加敬重长孙皇后。

20 三年后，长孙皇后得了重病，虽多方医治，但病情仍是一天重似一天。临终的那一天，长孙皇后对守在身边的太宗说："我不能相陪您始终，是我的不贤啊！我的娘家有幸与皇家结成姻亲，是他们的福分，但您不要让他们掌握大权，只让他们以外戚的身份入宫觐见，我就放心了。"

21 稍稍停了一会儿，长孙皇后又声音低微地说：“自古圣贤都崇尚节俭。我死之后，请依山而葬，不需起坟，不用制作棺椁。所需之物，都用木瓦，俭薄送终，就是皇上对我的最好怀念了。”说完，长孙皇后泪流满面，紧紧握着太宗的手，合上了双眼。当时，她只有 36 岁。

22 作为皇后，居富贵之极，权力之巅，能心怀国家，廉正节俭，是难能可贵的。

# 廉

清直奉公之道

LIAN QINGZHI FENGGONG ZHI DAO

## 戴敦之居官廉俭

1 在清代，有一个非常有名的官员，名叫戴敦之。戴敦之为官半生，生活一向俭朴，从不享受半点特权。

2 有一年，戴敦之被朝廷任命为山西布政使。这是主管财政的省级官员，地位显赫。按照当时的规定，新任省级官员上任前都要先去京城觐见皇帝，然后再赴任。

3 这时，戴敦之正在江西任职，他升迁的事沿途地方官都已知晓，他们做好了各种准备，就等戴敦之路过自己的州县时，设宴迎接并送上礼品。可是，一个多月过去了，仍没见戴敦之的影子。

4 原来，戴敦之深知那些州县地方官的心理，他接到任职通知后，只告诉了身边的几位好朋友，便毫不声张地做好了准备。

5 有一天清晨，天还没大亮，他就只带了两个随从，乘着一辆旧车出城北上。

6 从江西到京城要行走几千里路。一路上，戴敦之穿着平常的布衣，随身只带了些面饼，碰到客店也就要些小菜和热汤，就这样，每天只吃6个面饼，晚上也是随便找个一般的客店住宿。

7 随从和车夫都了解戴敦之的脾气和性格，谁也不敢张扬，跟着他白天吃干面饼，晚上住小客店。沿途的店主人只当他是个穷住店的，哪里想得到他是位新任省级行政大员。

8 于是，就在沿途州县的地方官们备好礼品和酒菜焦急等待时，戴敦之已经悄悄来到了京城。

9 到达京城后，一些故交和老友纷纷来向戴敦之道贺。见他只身一人，还自己煮茶，都觉得很奇怪，就问他为什么不带几个侍女。

10 戴敦之笑着说：“一个人出来很随便，又能节省一笔开销，这不是很好吗？再说，做官时，应该养成不用侍奉的好习惯，那样便能做一个廉官。”说完，戴敦之自己亲自为客人端上茶点。

11　看到这一切，朋友们不禁相视而笑。就这样，戴敦之在京城朝见完皇上，又毫不声张地赶往山西。

12　到了山西，按山西省的规定，要分配给他一笔“鳌头银”。当底下的官员手捧这笔俸饷递到他面前时，他脸上露出疑惑的神情。

13　左右侍从忙向他解释说："这是给您的银两。"戴敦之脸上立刻流露出不满，他对左右侍从说："当官的已经有了薪水了，仆人们由主人发给薪金，为什么还要额外收这笔钱呢？"

14　于是他马上颁布新的规定，取消这笔赏银。其他官员见戴敦之自己带头不收这笔钱，也就不好再说什么了。从此，这笔赏银就取消了。

15 后来，老百姓们知道了这件事，都称赞戴敦之说："这才是真正的廉洁之官呀！"

16 由于戴敦之的廉洁和卓著政绩，不久，他又被调到京城升任刑部侍郎。地位高了，来找他的人也多了，特别是一些旧友和亲戚，不断来找他，求他办些私事。开始，戴敦之很有礼貌地接待他们，但对他们所提的不合规定的私事，一概拒绝了。

17　他诚恳地对他们说："我身居要职，办事更应秉公执法，不能以权谋私。你们都是我的好友，更应理解我。"

18　虽然大家表面不说什么，但有些故友还是对戴敦之不满，认为他太不近人情了。

19 后来，戴敦之干脆就告诉侍从：“只要不是公事，一律不许来见我。”每天处理完公事，他就急忙回家。宫中设宴他也很少参加。

20 其实，戴敦之并非没有口腹之欲，也明知家里的饭菜远没有宫中的宴席好吃。他想的是，如果每一个官员都白吃白喝，那国家不是要被吃垮喝垮吗？

21 天下还有很多老百姓缺衣少食，自己能为国家省一口就省一口吧。每当这种时候，戴敦之总是默默地回到家中，吃完饭，就独坐在书房，反思一天所做的事，看看有没有不符合廉洁俭朴原则的地方。

22 廉洁俭朴看上去似乎是生活小事，其实这关系到国家的兴衰，风气的好坏。如果每一个做官的都能像戴敦之那样廉俭自律，那还愁国家不安定、社会不繁荣吗？

# 廉

清直奉公之道

LIAN QINGZHI FENGGONG ZHI DAO

## 张鹏翮官升廉长

1 清康熙年间的一天，京城新任刑部尚书张鹏翮家格外热闹，亲戚、朋友、同乡、同事或来贺喜，或来串门，有不少来套近乎的。

2 说起张鹏翮来，大家既佩服又羡慕，他从 21 岁步入仕途，三年一提职，五年一升迁，现在又担任刑部尚书，主管全国的案件评审，权力可真不小啊！客人们满是笑容，不少人还带着礼品……

3 这时，有位衣着华丽的公子来到张府。张鹏翮一看，自己并不认识这位公子，便客气地上前问道："这位公子是——""噢，我姓赵，家父是……"赵公子一面自我介绍，一面拿出一个信封递到张鹏翮手里。

4 张鹏翮一看，原来赵公子是江南富豪赵某的儿子，前一段参加了科举考试，正想谋个好差事，因此，今天带着厚礼专程来拜访张鹏翮。

5 赵公子见张鹏翮看完了信，就递上一张红色的礼单，上面罗列着各种珍贵宝物及金银钱财。看罢，张鹏翮微微一笑，说：“赵翁真是用心良苦啊！公子要真是有识有才，我一定会荐举你，但是这些厚礼我决不能收，请公子带回吧。”说完，就命人安排赵公子喝茶小憩。

6 赵公子见张鹏翮推辞，就向他再三表明自己的诚意，想把礼品留下。可是，无论赵公子怎么说，张鹏翮都执意不留。最后，赵公子只好带着礼品怏怏地回去了。

7 事隔不久，有人报告说，江南一带科举考试中徇私舞弊现象非常严重。康熙皇帝知道了这件事，就命张鹏翮到江南查处，一定要严肃科考秩序，选拔有识之士，刹住考场作弊之风。

8 张鹏翮接到命令后，即刻动身。到了江南，他就开始审理考试弊案的情况。他发现，主管考试的官员借学生交纳手续费的机会，大肆受贿。

9 一些没有能力而又想当官的人趁机请客送礼，贿赂主考人员，捞取一官半职，而真正的有才之士却因为没有行贿而不能考取。

10 那个曾经给他送礼的赵公子就是靠贿赂主考人员通过考试的。张鹏翮想：怪不得他执意要给我送礼。于是，张鹏翮马上开始审案，严肃处理贪污受贿的官员，把那些以不正当手段蒙混过关的人统统清理出去，严明了科考秩序。送礼的赵公子也被清退了出去。

11 没过多长时间，苏州府报上一案：苏州知府陈鹏年写了一首诗，当时的总督噶礼与陈鹏年素有仇怨，赵公子就让父亲与噶礼串通起来，说陈鹏年写的诗有反朝廷之意，请求朝廷查处。

12 康熙皇帝得知后非常气愤，命张鹏翮一定要严查此事。当时，张鹏翮的儿子正在噶礼手下任职。噶礼专横地扬言：“张鹏翮要是敢惹到我头上，我就杀了他儿子。”

13 赵公子暗自幸灾乐祸，心想：这回可有你张某好瞧的了。张鹏翮并没害怕，他对噶礼说：“擿奸发伏，明辨是非，我义不容辞。就是不要儿子，也要查清此事。”

14 经过调查，张鹏翮证实陈鹏年纯属是被诬陷，就毫不犹豫地为陈鹏年平了反，处置了噶礼，赵公子从此以后再也不敢乱来了。

15　康熙皇帝见张鹏翮冒着儿子被杀的威胁仍明断了是非，非常感动，就任命他为吏部尚书，主管全国官吏的任免、调动和考核。

16　一些亲戚朋友找上门来，求他给予关照。张鹏翮开始总是婉言谢绝，可是，不少亲戚朋友拐弯抹角、接二连三地求他，弄得他很难抵挡。

17 最后，张鹏翮干脆在堂屋里挂了一幅关帝像，每当求情的人喋喋不休地说个没完，他就指着关帝像说：“有关帝在此，谁敢营私？关将军手中有锋利的钢刀，谁敢胡来？”说罢哈哈大笑。这样一来，大家都知道张鹏翮是不会徇私情的，因此也就不好意思再向他求私情了。

18 不慕钱财，秉公办事，这是清正；不怕威胁，如实断案，这是公正；不徇私情，尽心为国，这是廉正。有了这三正，一个人就能理所当然地出污泥而不染。难怪雍正皇帝称张鹏翮为“志行修洁，风度端凝”的一代良吏。

# 廉

## 清直奉公之道

LIAN QINGZHI FENGGONG ZHI DAO

## 包拯巧治惠民河

1 宋仁宗皇祐年间，一场暴雨冲击了开封城。城外一条河的河堤被冲垮，河水无情地外溢，淹没了两岸的房屋和田地。

2 一时间，悲凄呼号之声冲天，百姓死伤无数。开封城笼罩在灾难之中。

3 过了好几天，洪水才渐渐退去。可是，两岸的房子没有了，田里的庄稼被卷走了。无家可归的人有的看着滔滔洪水唉声叹气，有的站在岸边低声啜泣……

4 这时，开封城内走出一队人马，直奔岸边而来。走在最前面的人身着官服，面色黝黑，一脸大黑胡子，两眼炯炯生威。岸边的老百姓见他们来了，急忙跪下，齐声呼喊着：“包大人，请包大人救命啊！”

5 原来走在最前面的人就是赫赫有名的清官包拯，他当时是开封府尹。包拯翻身下马，弯腰搀扶起跪在地上的百姓，双手一揖，对众乡亲说：“我身为开封府尹，让大家受难，愧对诸位乡亲。然体恤民情，为民做主是本官的职责，我决不能让大家再受劫难。”

6 于是，包拯马上组织人抗洪救灾，安顿受灾的难民。可是，这些都是事后补救，包拯总在想：怎样才能从根本上改变这种被动的局面呢？他便带人对这条河流进行了考察。

7 这条河原叫惠民河，河水清澈通畅，还可以通船。河两岸，榆柳成荫，风景优雅，曾经给开封人带来很多便利。

8 可是，因为这里曾是北宋的国都，所以聚集了许多贵族豪强。他们见惠民河边景色宜人，空气清新，就纷纷在河道上建造亭台楼阁，有些人还把河水引到自己家的花园里。

9 结果，河道被阻塞了。每逢下雨涨水，河水排流不畅，就溢出河岸。这次碰巧连降暴雨，河水冲毁了河堤，冲进了开封城。因此，百姓们又叫它“害民河”。

10 包拯带人亲自在河边巡视了好几天，又请来了开封城里的水利专家进行勘探，最终得出结论：不拆掉河道上的建筑，是难以控制河水的。

11　包拯便下决心拆掉河道上一切不利于河水排泄的建筑。于是，他贴出了告示。

12　然而，那些达官贵人在百姓头上作威作福惯了，他们哪里会考虑百姓的死活。听说包拯要拆房，就三五成群地走到开封府衙内，吵闹着要把包拯拖到金殿上，让皇上给评理；还有的人拿着地契，指着包拯破口大骂，扬言要罢包拯的官。

13　包拯已经料到他们会有这一手，心里早有准备。因此，他不动声色地说："疏通河道，防止水患，是利国利民之事，圣上自然会为民做主。真有地契者可以交上来，待圣上明查。"

14　那些权贵听包拯这样说，面面相觑。有几个人呈上地契，包拯接过来，和自己调查好的材料仔细核对，发现这些地契都是伪造的，就气愤地对他们说："你们侵占河道，欺骗朝廷，该当何罪？"

15 这些人见事情败露，一个个像泄了气的皮球，不住地乞求包拯宽恕。

16 有的人私下里提着厚礼来到包拯家里，被包拯义正辞严地拒绝了。

17 包拯当机立断，把他们的假地契和侵占民田的罪行上报仁宗皇帝。仁宗马上回旨："拆掉河道上的建筑，疏通河道，有违抗者，严惩不贷！"

18 包拯便发动两岸的百姓一齐动手，几天就拆掉了河道上所有的建筑，疏通了河水。

19 然后，包拯又亲自布署人加固堤岸，在两岸盖了一些简易的房舍，供无家可归的人暂且栖身。

20 从此，惠民河又恢复了往日的清澈，成为开封城的一条重要水路。

21 洪水中幸存的人们逢人便说："是包大人、包青天救了我们呀！这才是为民做主的清官呀！"从此以后，"包青天"就成了清官的代名词了。

22 一个真正的廉官不仅要有为民做主、造福一方的追求，还要有除暴抗恶、不屈不挠的勇气。人们常说刚正廉洁，因为缺了哪一点都不行。包拯就是这样一位刚正廉洁的好官。

# 廉

清直奉公之道

LIAN QINGZHI FENGGONG ZHI DAO

## 狄仁杰廉明断案

1 唐高宗李治在位时，任用过一位著名的官员，他就是山西太原人狄仁杰。他一向以刚毅正直、执法严明和廉正无私而著称。在他任大理寺寺丞（同现在法官）期间，一年里曾处理大量积压案件，涉及一万七千多人，却无一人诉冤，因处断公正，人人信服。

2 守卫唐太宗昭陵的几个飞骑军校尉，在本地倚仗权势，任意欺凌百姓，抢劫钱财，侮辱老人，打骂儿童。当地老百姓对此气愤万分，可是又拿他们没办法。因此，每当这批人出来，百姓都唯恐躲避不及。

3 这件事不久就传到了驻守在当地的将军中郎将权善才那里。权善才可气坏了，马上下令把这几个人抓起来，痛打了他们一顿，又狠狠地教训了他们一番。从此，这几个人对权善才怀恨在心，总想找机会报复。

4 正巧，有一天，权善才在驻地的山边伐树，没留意误砍了昭陵的几棵柏树。得知了这件事，这伙人可乐坏了，心想机会终于来了。

5 于是，这帮人马上把这件事添油加醋地上报了唐高宗。得知此事，唐高宗大怒。心想，竟敢有人砍自己父皇陵墓上的树。

6 他马上找来狄仁杰，怒气冲冲地说：“马上给我把砍树的人抓起来，格杀勿论。”还点名首先要处死权善才。

7 狄仁杰刚接到这个案子也很吃惊，马上进行了详细的调查。经过对人证、物证的反复核实，狄仁杰认为，权善才确实是误砍了树，按照法律，应该免官，但还没到杀头的程度。

8 很快，狄仁杰就把自己调查的结果和根据法律对权善才的处理意见报告了唐高宗。

9 高宗本以为权善才已被处死，没想到狄仁杰居然这样判决，没等狄仁杰讲完话，就勃然大怒，厉声斥责道："权善才胆大包天，竟然砍了皇陵上的树，这是目无皇权，大逆不道，我岂能容他？如果不处死他，我不是要背负不孝的罪名吗？"

10 狄仁杰受到高宗的呵斥，看到皇帝震怒，心里一阵紧张，头上的汗都要下来了。可是他并没有被吓倒，接着又说道："朝廷的法律，是陛下您制定的。作为臣子，我有责任维护法律。如果陛下您杀了权善才，就破坏了自己制定的法律，那么其他人再违犯了法律该怎么办呢？所以，我不能执行您的命令杀死权善才。"

11　这时，在朝的文武百官看到皇帝发这么大火，狄仁杰还敢振振有词地辩解，都为他捏了一把汗，真怕他触怒了高宗，引来杀身之祸，纷纷示意他不要再说了。

12　可是狄仁杰并没有停止，又继续说："当初汉文帝时，曾有人盗窃高祖庙中的玉环，文帝要治以诛灭九族之罪。廷尉张释之当面进谏，最后汉文帝采纳了张释之的建议，处以盗窃犯以弃市之罪，而没有株连其他族人。"

13“如今陛下不采纳臣的建议，臣即使死了，也羞于在九泉之下与张释之相见。再说，法律是天下人的法律，是广大老百姓依据的行为准则。没犯死罪的人被您处死的话，那不是失信于民吗？”

14“要是有人盗了皇陵上的土，陛下用什么办法来加以重罚呢？我之所以不敢奉行您的旨意去杀权善才，是不想使您蒙受不道德的恶名啊。”

15 听完狄仁杰这番语重心长的劝谏，唐高宗半天没说出话来。沉思了一会，高宗的怒气渐渐地消了。仔细回味狄仁杰的话，高宗终于领悟了其中的道理，于是便收回了成命，依法免除了权善才的死刑。

16 这件事在朝廷内外引起了震动。大家都佩服狄仁杰临危不惧、舍身护法的行为，对唐高宗能听从正确建议改变初衷的胸怀也纷纷赞扬。

17 通过这件事，唐高宗更赏识狄仁杰了，还任命他为侍御史。

18 清廉刚正不仅仅难在自己守法，不奢侈腐败；更难在当有人要违犯法律做出错事时，敢于挺身而出，不畏强权，维护法律的尊严，坚持真理。因为“廉”总是与“正”联系在一起的。

# 廉

清直奉公之道

LIAN QINGZHI FENGGONG ZHI DAO

## 海瑞退礼丈田亩

1“刚峰”是明朝大清官海瑞的号。据说，他以此作号的用意就是要“一生以刚为主”，勉励自己终生廉洁清正，刚直不阿。

2 海瑞 43 岁时，当上了浙江淳安县的知县。淳安地处偏僻，老百姓生活穷困，但贪官污吏却特别多，在丈量土地时，这些人对自己和豪绅的土地少报甚至不报；相反，对老百姓的土地却多报。这样一来，有钱的地主乡绅每年逃避交纳大量的租税，却使老百姓额外增添了沉重的负担。

3 有的富豪以此坐收租利，自己不向国家交纳分毫的捐税。海瑞到任后，决心根治这种弊病，让所有的人公平合理地负担赋税，使老百姓不再因过重的捐税而穷困潦倒，能够安居乐业。于是，海瑞决心重新丈量土地。

4 一天，海瑞上街刚刚回到县衙，管钱粮的李老夫子就笑呵呵地走进来，把一大叠礼单递到海大人面前，说道：“请大人过目，全县的乡绅们听说大人的生日到了，这些礼物都是特地孝敬您的。”

5 海瑞听罢一愣，随即就明白了乡绅们是以此为借口向他行贿。当时，不少贪官为了捞取钱财，往往一上任就大办生日，好让那些趋利奉迎的小人们借机行贿。

6 海瑞审视了一下礼单，都是县里那些漏税大户送来的银子，总数不下两万两。于是，他微微一笑，告诉家人把礼物全部收下，然后叫李老夫子传下话去，把所有的乡绅都请到大堂来。

7 送礼的乡绅们见海瑞不但收下了银子，还要请大家到大堂喝酒，个个都来了。待人到齐后，海瑞便向大家抱拳作揖，笑着说："海某来到淳安，深蒙各位厚爱，真是愧不敢当！不过，且不说我的生日不是明天，就是真到了过生日的时候，也绝不会接受一文钱的贺礼。"

8"各位送来的银两，今日一并当面奉还。清丈土地的事，本县言出必行。我想各位都是仁义君子，一定会帮助本县清丈。"

9“如果有不逞之徒从中作梗，敢于作弊，本县言正法随，一定严惩不贷。”海瑞说完，让家人出来，按照礼单点名，叫乡绅们上前领回银子。

10　众乡绅见海瑞义正辞严，当众退礼，个个瞠目结舌，老半天说不出话来，谁也没敢当面提出反对清丈土地。

11 海瑞一看时机成熟，第二天就亲自率人下乡，开始清丈工作。海瑞也因此成为全国第一个查实土地数目、解决赋税合理负担的县令。

12 海瑞清丈完土地，又着手整顿吏治，革除旧规，实行均徭。当时，地方官的收入，除了国家给的薪俸，其余均出自“常例”。

13 按照这种“常例”，地方官上京朝觐，车马食宿和官场交际费用，都由本地老百姓均摊； 地方官出巡和各级官吏路过本地的招待费用，也要向百姓们摊派。

14 这笔钱花多少就可以摊派多少，许多贪赃枉法的官员便趁机中饱私囊，大发横财。

15 海瑞大胆革除了这种“常例”，并声明自己不要这种“常例”银子，也不向过往官员赠送这种“常例”银子。仅此一项，淳安老百姓每人每年被摊派的银两就减少了近五两。

16 海瑞正是这样清正廉洁，终生布衣素食，过着节俭的生活，所以，当他为母亲的生日破例买了两斤肉时，别人都很吃惊。

17 真可谓：一芥之物，不入私囊；一厘之钱，不送官长。就是他去世后的丧事，都是大家凑钱为他办的。因为海瑞终生刚正廉洁，为民请命，所以，为他举丧那天，南京店铺都关了门，大街小巷搭满了市民们自发祭奠他的灵棚。

18 当运载海大人遗体的灵船过江时，长江两岸穿着白衣来送行的队伍竟连绵不断，这种隆重的场面是那些高官重臣都没法比的。为民请命的人，才会得到人民的爱戴；廉洁刚正的人，才会得到百姓的信任。海瑞正是这样的人。

廉

清直奉公之道

LIAN QINGZHI FENGGONG ZHI DAO

# 刘戬出使留廉名

1 明代弘治元年（1488 年），孝宗即位，举国庆祝。为了把这个消息通知到周边的友好邻邦，需要派许多人去各国颁诏，通报情况。有个江西安福人叫刘戬，他以侍讲的身份被朝廷选中，派往安南。

2 可是就在前不久，安南人已经发兵攻下了占城，并出兵与缅甸交战，战事正盛。

3 有的朋友对刘戬说："安南正和缅甸开战，战火纷飞，你现在出使安南很不安全。而且人家正全力以赴地打仗，许多财力用于战争，去这种地方出使，也没有多大油水可捞。还是找个合适的理由，把这个差事推脱为好。"

4 刘戬却说："国家有事需要我出使，这不是自家的小事，愿意去就去，不愿意去就不去。再说，出使的任务也不是为自己捞油水，能不辱使命，我就心满意足了。"

5 他不顾个人安危，毅然南下。过去使臣去安南国大多走海路，乘着豪华的大船，带着大批的随从，排场很大。

6 刘戬只带了两名小童，走陆路，乘肩舆由南宁直达安南。

7 安南人接待过许多中国使节，习惯了豪华热闹的大场面，这次看见就这么一个轻装简从的人来，都不相信他就是明朝派来的使臣。

8 经查验刘戬的身份，发现他的确就是代表中国前来颁诏的，安南人非常惊奇。接待刘戬的安南官员说："过去中国派遣的使臣都是航海而来，庞大的船队，大批的随从，而且每次到安南总是要买卖很多的珍货奇物，出使一次就可以获取足够享用半生的财产。"

9“可是看您今天这个样子，好像是从天上掉下来的一样。您是怎样来的，既快又不引人注目？”于是，他们把刘戬安置在条件最舒适的驿站里，接待他比对过去的使节更加恭敬。

10　安南的官员们来到驿站，按礼节都来向刘戬跪拜施礼，非常恭敬。刘戬根据《大明集礼》的规定，只能受礼，不与他们交谈。到预定的日期，便立即举行了颁诏仪式，第二天宴请完毕，他即刻就要带着小童返回中国。

11 对刘戬的做法，安南王和大臣们都非常吃惊，纷纷议论："过去大明派来的使臣，可不是这么俭朴谨慎呀。""是啊，过去的许多使臣总是带了很多东西来，然后又满载而归的呀。这位使臣可真不一样啊。"

12 安南王心想：这位使臣是不是有什么地方不满意我们了？可是，想来想去，觉得各方面照顾得也算是很周到了。安南王希望刘戬回中国后，多向明朝皇帝说点好话，加强两国的睦邻友好。

13 他找机会对刘戬说："上使，您不远万里来到我们这个偏僻的小国，如果有照顾不周的地方，请您千万海涵。我们对明皇是十分敬重的，请您向明皇转达我们的敬重之意。我们一国百姓的命运都仰仗着上使您了。"

14 安南王说完后做了一个手势，几个侍从抬上几箱贵重礼品，比送给从前来的明朝使节要丰厚几倍，其中金珠、犀角、象牙等珍宝特别多。

15 看到这一切，刘戬明白了安南王的心思，微微一笑，说：“大王请放心。我这次来贵国，受到贵宾的礼遇和招待，可以看出大王您对我国的善意和诚心。我定会向吾皇转达这一切。但这些礼品就请收回吧，我已经领受了你们的诚意。”于是，刘戬没收一件礼品就启程回国了。

16 看到这一切，安南王对刘戬更加敬佩，就派人快马加鞭，到半路上等着，务必把礼品送到刘戬手中。在快到边境的地方，安南的官员又献上了礼品，可刘戬还是坚辞不受。

17 他给安南王写了一封信，信中抄录了他自己来时写的《初入关》，诗中写道：咫尺天威誓肃将，寸心端不愧苍苍。归装若有关南物，一任关神降百殃。

18 原来，刘戬入安南时早已发下誓愿，绝不取安南任何财物，否则甘愿受天神惩罚。对这样清廉正直的使节，安南人更加敬重佩服。安南王派遣陪臣来京师进谢表，表中有“朝臣清白”的赞语，表彰刘戬一心为国，而对珍品毫不动心的廉洁品格。这真是中国外交官的骄傲啊。

# 廉

清直奉公之道

LIAN QINGZHI FENGGONG ZHI DAO

## 戴胄抗旨护法度

1 大唐盛世，太宗李世民赏识的文武官员中，有一个叫戴胄的。他一贯忠清公直，执法严明，从不徇私情，后来被提升为大理寺少卿，参与掌管全国的刑狱。

2 唐朝初期，百废待兴，国家亟需大批人才。为此，朝廷大举开科选士，根据科考的成绩，分别授予不同的官职。

3 这样一来，不少投机之徒求官心切，纷纷伪造资历，冒充荫袭，前来参加荐选。

4 唐太宗知道这种情况后非常生气，为此专门下了一道诏令：“凡是参与冒充和欺骗的考试者，本人必须坦白自首；否则，一经发现，处以死刑。”

5 诏令颁布不久，果然有一个冒名顶替参加考试的人被揭发了出来。太宗把这个案子交大理寺处理。戴胄承办了这个案子。他根据法律规定，判这个人流放。唐太宗接到奏报，发现戴胄的判处违背了自己的旨意，很不高兴。

6 他马上召见戴胄，怒气冲冲地说：“少卿，我已经下过诏令，处死那些以欺诈手段骗取功名的人。你怎么只判他流放边疆就算了呢？我这个皇帝说话就不算数了吗？这岂不是失信于天下吗？”

7 戴胄回答说："陛下，请您明察。如果这个案件由您亲自处理，当时把罪犯杀了，那就与我无关了。可是现在您把此案交由大理寺审理，我只能依法办事。"

8 唐太宗反问道："少卿只顾自己依法办事，就没有想到我这个皇帝会因此而失信于天下吗？"戴胄回答说："法律乃国家之尊严，是由陛下您钦准颁布于天下的，必须人人遵守。"

9“而陛下这一次的诏令是因一时的喜怒而下达的。您愤恨那些以欺诈手段欺骗国家的小人，要处死他们，是一时的恼怒。而现在按法律处治这些人，正是忍小愤而存大信。”

10“如果陛下因为一时愤怒而不依法办事，失掉了法律的尊严，我很为陛下感到可惜。这怎能说臣只顾自己而不替陛下考虑呢？”

11 听了戴胄的一席话，唐太宗幡然醒悟，于是笑着对戴胄说："少卿能严格执法，纠正偏差，我还有什么不放心的呢！"最后终于收回了这道诏令，同意戴胄依法办理。

12 不久后的一天，唐太宗的大舅子、吏部尚书长孙无忌无意中带佩刀进宫。依据当时的法律，任何人携兵器入宫都是杀头之罪，但守门校尉未加阻拦。两个当事人一个是吏部尚书，另一个是守门校尉，这两个地位悬殊的人在这件事上都犯有错，对他们应如何处理，引起了朝廷内部的一场争论。

13 尚书右仆射封德彝提出：守门校尉对带兵器入宫的人未加阻拦，是玩忽职守，按法律应当处斩；而长孙无忌入宫时忘解下佩刀是一时大意，应当判处徒刑两年，以罚铜 20 斤代替。

14 这个意见不仅唐太宗欣然接受，众大臣也顺水推舟地表示赞同。但案子到了大理寺后，戴胄查明事情的原委后，提出了异议。他认为：“守门校尉和吏部尚书都是疏忽大意，做了冒犯皇上的事，是不能以疏忽大意为借口的，按法律规定，都应当判处死刑。”

15“如果陛下看在功劳的分上免了长孙无忌的死罪，那是陛下个人的事。但是，大理寺不能这样做。作为全国最高执法机关，这是严格依法办事的地方，不能以亲疏远近和社会地位为量刑标准。”

16“尚书带刀入宫只罚20斤铜，守门校尉却要处以死刑，这种处理显然很不公平。”于是，这个案子从朝廷到大理寺，又从大理寺到朝廷，来回几次，僵持不下。

17 见此情形，戴胄挺身而出：“按常理而论，守门校尉的犯法是由于吏部尚书带刀入宫引起的。论处罚，首先应当处罚吏部尚书，就是处罚守门校尉也应当比他轻些。”

18“如果单讲疏忽，二者是一样的。为什么到头来一个是罚铜，另一个是杀头，这未免相差太远了吧？”说完跪倒在唐太宗面前，请求饶了校尉的死罪。在戴胄的慷慨陈词和据理力争下，太宗终于同意对两个人一视同仁，免除了守门校尉的死罪。

# 廉

## 清直奉公之道

LIAN QINGZHI FENGGONG ZHI DAO

## 道同为廉抛头颅

1 明太祖朱元璋时，有个叫道同的人在广东番禺当县令。他不畏强权，勇于为民做主，严惩民贼，因此深受老百姓的爱戴。

2 当时，番禺被官场上的人称为“烦巨”之地，意思是很难治理的地方。番禺土豪劣绅气焰嚣张，地方恶势力专横跋扈，就连州县衙门中的官吏也时常受他们欺侮。所以，大家都不愿在“烦巨”之地为官。

3 道同做了番禺的县令后，从不畏惧那帮豪强恶霸。当地有一伙地头蛇长期以来凭借暴力强行购买民间的各种珠宝玉器，然后到外地高价出售，从中牟取暴利。

4 凡是对他们不满或稍加抵抗者，都会受到陷害，轻则破财入狱，重则家破人亡。

5 道同一上任，就收到许多告这伙强贼的状子。道同经多方调查，掌握了他们犯罪的确凿证据，于是就派人把这伙土豪恶霸的头子捉拿归案，在县城最热闹的地方游街示众，狠狠打击了他们的嚣张气焰，大快人心。

6 正在此时，土匪出身的永嘉侯朱亮祖被朝廷派到广东驻节番禺。那些土豪恶霸暗地里用大量的金银珠宝贿赂朱亮祖，请他出面为被抓的贼首开脱。

7 朱亮祖收了财物，便在自己府中摆下盛宴，请道同来吃酒。酒过三巡时，朱亮祖用轻松的口吻说："你抓的那几个人，不过是些守法商人，想多挣几个钱，有时做事不够检点。既然已经处罚了他们，就放了算了。"

8 道同向朱亮祖拱了拱手，十分严肃地说："大人有所不知，这些人长期为非作歹，强买强卖，扰乱市场秩序，不可轻饶。大人是朝廷重臣，怎能受这班小人驱使？此事不能这么轻易了结。"

9 朱亮祖没料到一个小小的县令竟敢不领自己的人情，还当面指责自己，顿时沉下了脸，撤了酒席，把道同赶了出去。

10 随后，朱亮祖又指使打手冲到县衙，打伤看守，砸开牢门，放走了强贼。然后，又借口把道同抓来，狠狠打了一顿。他想：这回我看你道同老实不老实，还敢不敢顶撞我这个朝廷大员。

11　看到道同受欺侮，土豪恶霸们更来劲了，心想：这回有朱亮祖为我们撑腰，可以明目张胆地欺压百姓，为非作歹了。

12　他们争相贿赂朱亮祖，想背靠大树好乘凉。朱亮祖的两个大舅子更是胆大包天，到处欺男霸女，扬言：谁不服，就灭掉谁。

13 但是，道同偏偏不怕这伙坏蛋，派人把那两个恶棍抓了起来。朱亮祖一听说此事，顿时大发雷霆，公开派打手冲进县监狱，抢走了在押的罪犯。

14 面对这目无法纪、人多势众、气焰嚣张的朱亮祖，道同抑制不住满腔怨愤，连夜奋笔疾书，历数朱亮祖的种种恶行，上奏朝廷。

15　然而，狡诈的朱亮祖已经料到道同会走这步棋，便来了个恶人先告状，提前也写了一封奏章，派人星夜兼程送往朝廷。

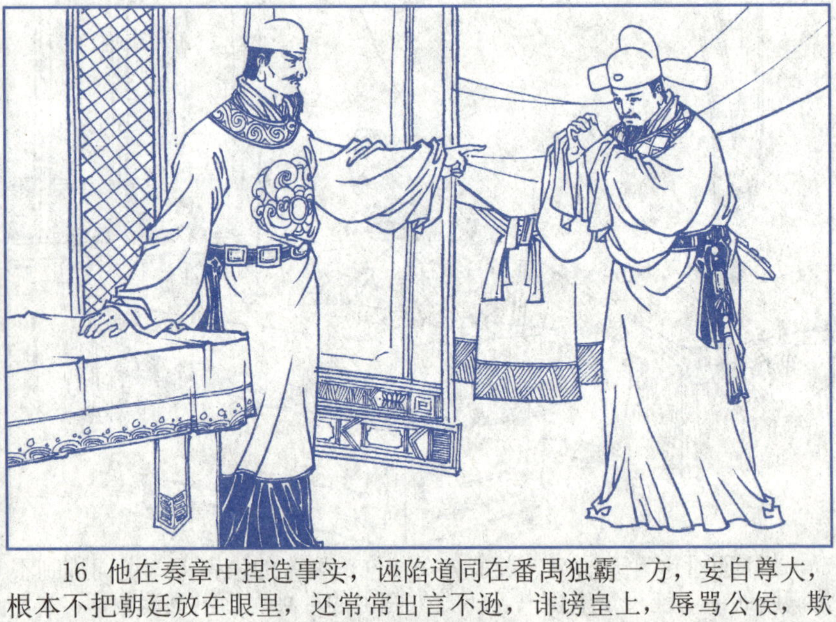

16　他在奏章中捏造事实，诬陷道同在番禺独霸一方，妄自尊大，根本不把朝廷放在眼里，还常常出言不逊，诽谤皇上，辱骂公侯，欺侮乡绅……明太祖朱元璋看到朱亮祖的奏章，信以为真，顿时龙颜大怒，立即派专使去番禺处死道同。

17 两天以后，朱元璋又收到了道同的奏章。看完这封有理有据、义正辞严的控诉书，朱元璋大为震惊，知道自己上了朱亮祖的当，很可能会误杀忠良。

18 朱元璋非常欣赏道同的胆量和刚直。他想，一个小小的县令敢于不畏权势向自己揭发一个封疆大吏的恶行罪状，气节可嘉，操行可敬。

19 于是，他连忙派专使星夜兼程，让他追回前诏，赦免道同。

20 后派的专使奉命拼命赶往番禺，遗憾的是，他晚到了几个时辰。当他们赶到县衙时，道同刚刚被处死。

21　朱元璋得到禀告后，十分后悔，更加愤恨朱亮祖的丑行，不久就把他召回南京，查清了他在驻节番禺时的罪行，将他用鞭刑处死。

22　道同刚正不阿，冤屈而死，番禺人民十分怀念他。许多人把他的雕像供在家中，作为避邪除恶的神灵来拜祭。

廉

清直奉公之道

LIAN QINGZHI FENGGONG ZHI DAO

# 司马光掘地入室

1 在北宋，西京洛阳流传着一首谚语：“王家钻天，司马入地。”这个司马，就是小时候砸缸救人的司马光。他二十一岁中了进士以后，就一直在朝廷做官。官职虽然显赫，但他却非常清廉、节俭。

2 洛阳是北宋的西京，住着许多王公贵族。他们的住宅都修筑得像宫殿一样豪华，还有花园楼阁。

3 在这些贵族中，有一个叫王拱辰的。他的房子最气派，中堂起屋三层，上面还刻着龙凤等各种图案，屋檐向上飞耸，更显得气势宏伟。

4 而司马光呢，却住在离市区数十里远的一条陋巷中。房子是低矮的平房，冬天冷得要命，夏天又酷热难熬。

5 司马光只好在屋里地下挖了一个一丈多深的土坑，周围用砖砌成，夏天全家就躲在坑里避暑。因此，西京便流传出了这条谚语。

6 后来，司马光的儿子司马康长大了，也做了官。司马康见父亲生活太清苦了，想给父亲改善一下生活条件，便为父亲造了一所住宅。

7 司马光知道后，马上给儿子写了一封信。信上说："我们家本来清寒，清白的家风要世代继承。我从小就不喜欢奢侈，不愿意穿华丽的衣服。我一生只求吃饱穿暖，别无奢望。"

8"虽然别人取笑我，说我简陋，可我不认为这是缺点。我认为节俭朴素才是美德。孔子不是说过，一个人因为俭约而犯过失是很少见的。"

9“读书人有志追求真理，但却以粗菜破衣为耻，那是不值得和他谈学问的。衣能御寒，食取充饥就可以了，住的能挡风遮雨不是很好吗？”

10 他还给儿子讲了许多历史上节俭的故事。他对儿子说：“有一个叫张知白的人，官职很高，俸禄也很多，但家里盖的却是土布被子。”

11“春秋时，鲁国的季文子，虽然是丞相，但他的妻子从来没穿过绸缎衣服。这些人你都应该学习呀！”

12“反过来，奢侈的人都没好下场。你不要学他们，而要学习张知白和季文子，要记住历史教训，把咱们节俭的家风世代传下去。”

13　司马康看了父亲的信，被父亲那清廉的品格感动了，心想：违背父亲的意愿是最大的不孝。他便改变了原来的想法，从此再也不提钱财、房子之类的事了。

14　他自己也和父亲一样节俭。当时人都说他“为人廉洁，口不言财”。因为司马光勤俭为国，宋嘉祐八年（1063 年），宋仁宗下诏赐给一些有功之臣丰厚的钱财，臣子个个都高兴极了。

15 司马光却带着沉重的心情给仁宗写了一封信。信上说："现在国家多事，人民困苦，我绝不能接受这些赏赐。"然后他当面呈上这些财物，辞谢赏赐。但仁宗执意不肯改变自己的诏赐。

16 君命难违，司马光就把这些东西捐献给谏议院办公用了。

17　不久，司马光的妻子因病去世了。因为他平时把钱都周济给了穷困的亲戚，所以家里没一点积蓄，连给妻子买一口薄棺材的钱也没有。他只好卖了家里仅有的几亩薄田，买了棺材，薄葬了妻子。

18　他儿子见母亲辛劳一生，死后又这样清寒，痛哭着对父亲说：“母亲含辛茹苦一生，这样做是不是太对不起母亲了？”司马光眼含着泪说：“你母亲跟我一辈子，没穿过绸缎，没吃过鱼虾，我是愧对她。可这是咱家的家风，这种清俭的美德不能断送在我们手里。你母亲是理解我的。既然生是如此，死后又奢求什么呢？”

19 妻子死了，司马光个人的生活愈发困难。他朋友劝他买个奴婢，也可照顾一下他的生活，可司马光始终不肯，仍一个人过着俭朴的生活。

20 一个有条件成为有钱有势、生活条件优越的人，却自节自律、俭朴廉洁，真是件难能可贵的事。司马光能编写出被称为“历史的镜子”的名著《资治通鉴》，正是因为他一生都用廉洁的镜子观照审视自己。

# 隋文帝重法轻子

1 隋文帝杨坚是隋朝的开国皇帝。他耳闻目睹前朝败亡的教训，注重依法治国，以俭治家，倡导在法律面前谁也不能特殊，就是对自己的子女和皇亲国戚也从不放纵。

2 他曾三令五申，法律是天下人的法律，人人都应执行。杨坚的三儿子杨俊自幼聪明过人，勇猛善战，而且通晓兵法，在建立隋朝的频繁争战中屡立战功，朝野内外，声名大震，深受隋文帝的赏识和宠爱，隋文帝封他为秦王。

3 但是杨俊自以为天下第一，居功自傲，行为越来越放肆张狂。杨俊在自己的封地并州为所欲为，欺男霸女，夺财占田。他到处放高利贷，用获取的厚利花天酒地，整天吃喝玩乐，奢侈无度。封地里的老百姓虽然怨声载道，但由于杨俊是皇子，位高权重，也不能把他怎么样。

4 隋文帝知道三儿子违法乱纪的事情后，非常生气，马上命令监察专使前去调查核实。

5 但是监察专使忌惮秦王的淫威，心生畏惧；又一想，杨俊再怎么也是皇子，得罪他不也等于是得罪皇帝了吗？于是，到并州后只是大事化小，小事化了，惩办了几个杨俊的手下，便回朝复命去了。

6 监察专使向隋文帝汇报说，杨俊并没有做什么错事，只是年纪轻，阅历浅，受了某些人的迷惑，责任并不在他，并且罗列了一些鸡毛蒜皮的小事，帮杨俊遮掩。隋文帝信以为真，对此事也就不再追问了。

7 从此以后，杨俊更加蛮横放肆，胡作非为了。他想，连皇帝的监察专使都为他说话，其他人更是“小菜一碟”了。

8 他无视朝廷法律，任意欺压百姓，挥霍国家库银，为自己建立了富丽堂皇的宫室，还四处搜罗美女，纵情淫乐，整日声色犬马，弄得民怨沸腾，也激起他周围人的忌恨。

9 杨俊有位姬妾姓崔，在杨俊吃的瓜中下了毒，但因为毒量不够，杨俊只是中毒身体不适没有致命。这些事传到隋文帝的耳朵里，引得龙颜大怒。他立即下诏命令杨俊回京，并亲自查问杨俊的行为。

10 了解到自己最宠爱的儿子的所作所为已经触犯了法律，隋文帝马上下令撤掉杨俊的官职，并责令他呆在王府中闭门思过，反省错误。

11　正在此时，有个叫刘升的左武卫将军，为了巴结皇子，讨好皇帝，特意在隋文帝面前为杨俊开脱说：“秦王曾南征北战，功勋卓著。这次用些钱财盖点宫室，纳些美妾，只是小事一桩，请陛下还是宽赦他的过错吧。”

12　听到这些话，隋文帝严厉地瞪了他一眼，坚定地说：“法律由朝廷制定，天下人皆应遵守，对谁都不该例外。”说完便拂袖而去。

13 刘升碰了个钉子，仍不死心。他心里琢磨，我刘升苦口婆心都是为你们杨家父子，虽然陛下表面上怒气冲冲，也许心里会感激我，嘉奖我的一片忠心呢！

14 他又请杨素出面劝导隋文帝。在刘升的再三怂恿下，杨素借上朝的机会，私下劝隋文帝说："秦王虽有一些过错，但完全解除他的职务，未免有些过重了吧？请陛下重新考虑一下先前的处分。"

15 听到杨素这么不讲原则的劝说，隋文帝很不高兴，便说：“国家的法律是我们当初共同制定的，大家都赞同法律面前要一视同仁，依法执法不分贵贱。”

16“现在我儿子犯了法，你们又都来说情。难道我仅仅是五个儿子的父亲，而不是统治万民的皇帝吗？如果都像你们这样，那不得再专门制定一部天子儿子的法律了！”

17 尽管先后有几个人出面为杨俊说情，但隋文帝坚持执法必严的原则，没有减轻对他的处罚。

18 这件事对朝野内外震动很大，文武大臣和老百姓都很钦佩隋文帝这种执法无私的精神，那些平时不够检点、轻视法律、行为放肆的人都大为收敛，不敢胡作非为了。

# 廉

清直奉公之道

LIAN QINGZHI FENGGONG ZHI DAO

## 王翱为官绝私情

1 王翱是明代自成祖至景帝的五朝重臣。他从一名普通官吏到吏部尚书，历经七朝，辅佐六帝，始终公正处事、勤政用贤、廉洁奉公，人们都非常敬重他。因为他的谥号是“忠肃”，所以后人都尊称他为“忠肃公”。

2 作为权重位高的老臣，王翱从不居功自傲、以权谋私。他对自己的子女管束很严，甚至到了让一般人觉得不近情理的地步。

3 他的爱女嫁给了在京郊做官的贾杰。王翱的夫人十分疼爱女儿，常常接女儿回娘家小住。因为女婿在郊外为官，女儿每次回娘家都很不方便。

4 每当接女儿回娘家，女婿坚决不让走，并发牢骚说：“你父亲是吏部尚书，管理着各级官吏，只要他老人家尊口一开，我就可以像摇树叶一样被摇到京都，何必这么麻烦地接来送去的呢？那样的话，你们母女也可以常相伴了。”

5 女儿把这个意思对母亲讲了，王翱夫人觉得这事也不算过分，对王翱这个掌管全国官吏的最高首长来说，也就是一句话的事。

6 有一次，趁着王翱高兴，王夫人备了点酒菜，眼看酒过三巡，便婉转地把女儿的请求说了。

7　可是没想到，王翱一听勃然大怒，斥责说：“亏你说得出口！我这不是借手中的权力徇私情吗？如果在外地任官的人都提出如此要求，该怎么办？”

8　他越说越恼火，拿起酒杯就摔了过去，夫人的脸都被划破了。家宴就这样不欢而散。王翱愤然离家，来到朝房，一连十几天都没回家。

9 从此以后，女婿调转京城的事没人敢再提了。一直到王翱去世，也没把女婿调进京城。

10 明朝非常注重科举考试，官吏晋升都离不开考试成绩。王翱有个孙子，才学很一般，文墨也不太精通。本来他已经受到特别的优待，有了一定的职位，可是他嫌官卑位低，想通过科考求得晋升。

11 但毕竟是实力不足，他自己也知道凭真才实学难以过关。于是，他通过关系，从有关部门弄到一份试卷，准备参加当年的秋试。

12 王翱知道后，毫不留情地制止了他。王翱严肃地对孙子说："你如果真有考中的才学，我能忍心埋没你吗？你明摆着不具备应试的条件，假如主考官照顾了你，就会有一位真正具备应试条件的人落选。"

13 “再说，你已经有了一定的职位，何必得寸进尺，存非分之想呢！不如继续刻苦攻读，成就学业后再去应试。”说完当即撕了孙子的考卷，并用火烧了。

14 王翱身居显位，担任朝廷要职，但几十年如一日，从不以权谋私，即使在人际交往中也始终两袖清风。因为他政绩突出，家境清贫，皇帝每年都赏赐给他不少金玉束带、锦绣衣物，或是银币玩器，但他从不摆饰动用，长年自奉俭素，总是穿着普通的衣装。”

15 在他主管辽东军务时，与一位太监关系密切。不久，王翱将要调离，这位太监出于对他的敬重，拿出四颗西洋明珠相赠，以留作纪念。

16 可是王翱却怎么也不肯收。最后，太监流着泪说：“这些明珠绝不是我收受贿赂所得，而是先皇将郑和所购得的西洋明珠赏赐给身边的侍臣，我因此得了八颗。”

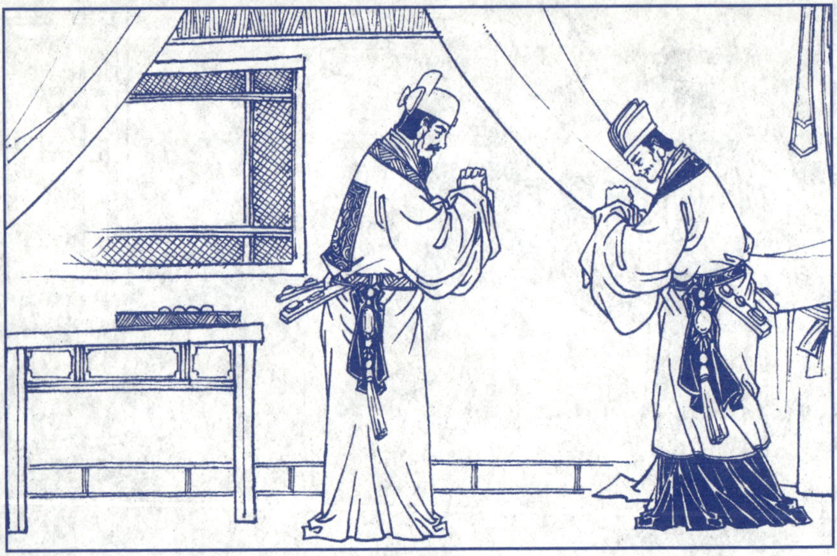

17“今天送一半给你，作为纪念，请一定收下。”看到太监如此真心诚意，王翱很感动，只好将明珠收下，缝在上衣夹层里保存着。

18 后来，王翱回京执掌吏部时，那位太监已经过世。王翱几经求访，找到了太监的两个穷侄子，对他们说：“你们的叔叔一贯奉公守法，在世时对你们要求很严，你们现在生活一定很困难吧？”

19 两位年轻人回答说："确是如此。"王翱又说："如果有什么致富的打算，我可以帮助你们。"没过几天，他们向王翱说了自己的打算，王翱马上把保存的四颗西洋明珠送还给了太监的两个侄子。

20 从政清廉，持家勤俭，待人公正，这是王翱一生遵循的人生准则。正因为他能一丝不苟地遵循这一准则，所以才获得了"忠肃公"的美称。

# 廉

清直奉公之道

LIAN QINGZHI FENGGONG ZHI DAO

## 张伯行舍官不舍廉

1 清朝康熙年间，有位巡抚叫张伯行。他一贯清正廉明，刚直不阿，对上敢于揭露位高权重的贪官污吏，对下勇于为民请命，解危扶困，历官近三十年，两袖清风，一身正气。

2 有一年，张伯行时任江苏巡抚，在省里乡试期间，总督噶礼与考官沆瀣一气，收受贿赂。

3 发榜的时候，苏州城学子揭露出内幕，一时间闹得满城风雨。考生们群情激愤，一千多人集会谴责，并将财神的塑像抬到文庙，放在明伦堂上，以此来讽刺和抗议这种黑暗腐败的行为。

4 消息传到京城，康熙震怒，下旨责成户部尚书会同江苏总督噶礼和巡抚张伯行等共审此案。

5 噶礼因为在这次乡试中索贿受贿达 50 万两之多，所以在审案中暗地作梗，一面贼喊捉贼，一面故意把水搅浑，制造麻烦，因此案件审查了一个多月仍毫无结果。

6 最终张伯行弄清了内幕实情。他想：噶礼身为国家命官，不但不主持公道，反而贪赃枉法，这样下去社会怎么能公正，国家怎么能昌盛呢？

7 张伯行不顾噶礼是自己的顶头上司，拼上身家性命，上书弹劾噶礼。

8 噶礼是个老赃官，长期以来索贿受贿，为了钱财什么事都干得出来。同时，他又是个阴险狡诈、心狠手辣的阴谋家。

9 当初张伯行走马上任江苏巡抚时，有个朋友出于善意，劝他按时例给噶礼送上千两银子，图个官运通达。

10 张伯行早就对这种巴结上司的做法深恶痛绝，当场便拒绝说：“我为官，誓不取民一文，所以也没有银子送给上司。”

11　噶礼见张伯行没像其他新官上任那样先给自己送银子，心中大为不满，很长时间耿耿于怀。

12　这次乡试案发以后，审案班子里的官员都睁一只眼闭一只眼地装糊涂。唯有张伯行不买账，秉公追查，毫不马虎。

13 噶礼想：好个张伯行，不除掉你，我早晚会被你揪住，不如先下手为强。于是，他买通了朝廷官吏，拿到了张伯行弹劾他的奏稿，然后反咬一口，用编造好的故事诬陷张伯行受贿作弊。

14 审案的官吏们惧怕噶礼的权势，明知此案有假，或附和或沉默，没有一个人敢于挺身而出，伸张正义。

15 因此，案子越搞越复杂，扑朔迷离，真假难辨。康熙只好先将张伯行和噶礼一并解职，私下另派心腹了解案情。

16 张伯行被解职后，先被押到扬州，四个月后又被押回苏州。押解途中，大批百姓扶老携幼前来慰问张伯行，有位送行的老先生流着泪说："公在任，只饮江南一杯水；今送您，了却子民一点心！"

17 张伯行深感百姓的一片真情，收下了一把青菜，一块豆腐。扬州的老百姓怕张伯行途中遭到坏人的暗算，数万人自发组织起来，在长江沿岸护送押解张伯行的船只。

18 事情并没有完。大贪官噶礼仗着自己常年搜刮民脂民膏，金银珠宝堆积如山，派出大批心腹四处打点，贿赂审理此案的官吏。结果罪大恶极的噶礼逍遥法外，而正直清廉的张伯行反被革职查办。

19 这个消息一传出，举国震惊。扬州、苏州的学子百姓纷纷上书朝廷，要求公审此案，揭露出真正的受贿者。

20 事情越闹越大，康熙也觉得事出有因。为了安抚众多学子，平定民心，他亲自审理此案，最后终于真相大白。

21 不久，圣旨降下，民愤极大的赃官噶礼被革去一切职务，而张伯行受到表彰，官复原职。

22 喜讯传出，万众欢呼，江苏的学子和百姓家家门前都贴上了一张红幅，上面写着：“天子圣明，还我天下第一清官。”

# 廉

清直奉公之道

LIAN QINGZHI FENGGONG ZHI DAO

## 廉洁自俭的霍去病

1 西汉元狩六年（公元前 117 年）的一天，人们在为刚刚去世的著名将领霍去病举行隆重的葬礼。

2 24 岁的骠骑将军霍去病的死，让汉武帝万分悲痛。清晨刚过，他便来到为自己预建的陵寝——茂陵，准备为霍去病下葬。汉武帝下令将茂陵旁的霍去病墓修成祁连山的模样，以彰显他力克匈奴的功绩。

3 此时，成百上千身着黑色盔甲的西汉将士，个个怀着悲哀的心情，排着长长的队伍，缓缓地把霍去病的灵柩一直护送到茂陵旁边的墓前。送行的队伍绵延几十里，其悲壮场面是空前的。

4 人们都知道霍去病是西汉武帝时的一代名将，杰出的军事家。其实，他还是一位品行卓著的清官。霍去病从不居功，廉洁自爱，在当时赢得了很高的声誉。

5 霍去病出身十分贫寒，少年时期还曾在贵族家中做过奴仆。

6 他的姨母卫子夫做了汉武帝的皇后之后，霍去病才有机会跻身贵族行列。

7 后来，霍去病拜官侍中，出入皇宫，接近皇帝的机会越来越多。但是，霍去病从来没有因为地位的改变而丢掉他从小养成的艰苦节俭的本色。

8 他在宫中做官时，不像一般贵族公子那样花天酒地，寻花问柳，而是每天起早贪黑，练武习文，研读兵法。

9 由于他沉浸于习武读书，在宫中常常错过了开饭时间。每逢这时，他从不在乎，常常是吃点剩饭，再去学习，或是边吃饭边读书。汉武帝见他如此刻苦又俭朴，常常在别人面前夸他是“栋梁之材”。

10 公元前 123 年，年仅十八岁的霍去病率领八百骑兵在大漠里突袭匈奴，大获全胜，歼灭了敌人千余人，还活捉了匈奴国王的叔父。汉武帝万分高兴，破格赐封霍去病为“冠军侯”。

11 霍去病立功升官后，没有居功自傲，他总是不忘廉洁节俭，与士兵同甘共苦。一次，霍去病又将率大军奔赴前线。临行前，汉武帝为了表达自己祝霍去病取胜的心意，派人从长安远道为霍去病送去了两坛上好的美酒。

12 霍去病见到美酒后首先想到的是士兵。他认为：征战沙场的士兵是最先应该慰劳的，我们做将领的绝不能搞什么特殊化。他当即下令将酒分给全军士兵，让大家共同分享。

13 可是美酒仅有两坛，全军将士怎么分才合适呢？要是认真分起来，恐怕每人一口也分不到。于是，有人劝霍去病说，这回酒太少了，大人就破例自己独享了吧！

14 可是霍去病依然不肯。他考虑再三，最后终于想出一个分酒的好办法。一天，霍去病把全军将士召集到一个清泉周围，待将士们坐好后，霍去病将两坛美酒倒入泉中，然后下令让大家马上汲取泉水，开怀畅饮，以此来分享美酒。

15　清泉旁，将士们手捧酒碗，互敬互让，一时间欢声雷动，全军上上下下都沉浸在一片热烈的气氛之中。将士们在品尝美酒的同时，又感受到了霍将军爱兵如子、廉洁自爱的美好品德。

16　霍去病生活的时代，正是匈奴和西汉两大势力从和亲到兵戎相见的时期。在这一时期，霍去病等率军对匈奴进行讨伐，基本解除了长期以来匈奴对汉朝的威胁，对保障中原地区的安定和发展，立下了赫赫功勋。

17 由于霍去病屡战沙场，战功显赫，汉武帝一次次晋升他的官职，最后提升他为大司马。

18 汉武帝见霍去病的住宅很平常，特意让人在长安为他营造了一所豪华精美的府第，准备送给霍去病。当这座府第快完工时，汉武帝特意兴致勃勃地带霍去病去参观。

19 来到门前，汉武帝抬眼望了望巍峨高耸的门楼，一派富丽堂皇的气象，心里有了几分满意。可当他把头转向霍去病时，见霍去病不仅没有流露出半点喜色，相反，眉间仿佛有一缕忧虑。

20 武帝暗想：霍去病可能嫌这门楼不够气派。于是忙跨进豪华的大门，领他去看金碧辉煌的主楼。

21 负责营造此住宅的大臣告诉武帝：主楼建筑中有豪华舒适的主人房、宽敞气派的会客间、环境优雅的书房以及多间厢房；出了主楼，是一座宁静如画的小花园。

22 这花园虽说面积不算很大，亭台楼榭却应有尽有，满园建筑在奇花异草的衬托下，显得格调异常高雅。汉武帝满以为这下霍去病该满意了，可整个参观过程中，霍去病脸上始终没有一丝笑意。

23 末了，他神情严肃地对武帝说："陛下，您对臣子的恩赐，为臣心领了。但是这所豪华的府第为臣却不能要。现在匈奴虽暂时被击退，但他们并未彻底被消灭。在这种情况下，我怎么能忘记国家大业，而追求个人的安逸呢？"

24 说完，他一再拜谢汉武帝，希望武帝能理解他。武帝见霍去病态度如此坚决，也只好不再提赐宅的事情了。霍去病从不居功自傲，对汉武帝为他修建的豪华住所也不接受，可谓是廉洁自俭的典范。

# 廉

## 清直奉公之道

LIAN QINGZHI FENGGONG ZHI DAO

# 季文子以廉俭为荣

1 在春秋时期的鲁国，有一位很有政治才干的宰相，他的名字叫季文子。他通晓政治，勤于政务。在当宰相期间，他做了很多有益于鲁国百姓的事，在鲁国有很高的威信。他历任鲁宣公、成公、襄公三朝宰相，前后辅政三十多年。

2 春秋时期，诸侯兼并，政治斗争十分激烈。由于季文子擅长社交，使鲁国在诸侯纷争、错综复杂的局势中具有了一定的政治实力，所以他也在各诸侯国中享有很高的名望。

3 季文子在鲁国从政的时间长、官位高，但十分注重廉洁简朴。平日里，他最看不惯那些整日以炫耀财富为荣的贵族，尤其厌恶讲排场、搞浮华的风气。

4 他家的住房极其简陋，平常饮食也总是粗茶淡饭。在衣着方面，他不仅自己平时很少穿丝绸衣服，就连他家仆人的服装也比一般有钱人家的下人要简朴许多。

5 由于季文子厉行节约，看不惯贵族社会一些奢侈腐化的现象，因此，那些铺张浪费、爱讲排场的人对他也看不惯。

6 鲁国有个叫孟献之的大臣。他的儿子仲孙不懂得节俭是种美德。一次，他见季文子出入朝廷时常穿布衣，坐的马车也十分寒酸，就嘲笑季文子。

7 仲孙说："大人做宰相这么多年了，出入连件像样的丝绸衣服也没有，喂的马也只许吃草。大人每天坐着这样的瘦马拉的破车，难道不怕别人笑话大人过于小器吗？他们会以为我们鲁国不知穷成什么样子了呢！"

8 季文子听了仲孙的话，心平气和地对他说："我觉得，一个人身处恶劣环境懂得节俭，这是不难办到的；但一个人身处高位，物质条件极其丰厚，还仍能注重节俭，那就不那么容易了。"

9“因为一般人很容易为自己的贪欲所支配。但是，一个真正有道德修养的人却能克制贪欲，因为他懂得简朴能使人向上。这样的人才是真正有修养、有气派、令人钦佩的人。”

10“如果一个国家的百姓都养成节俭、艰苦奋斗的习惯，那这个国家就会越来越强大，抵御外来侵略的能力也就会越来越强。仲孙怎么能说节俭是丢脸的事情，是会使国家衰败的事情呢？”

11 季文子一番有关节俭的话语重心长。仲孙听罢，一时无言以对，只得红着脸走开了。后来，仲孙的父亲知道了此事，狠狠地批评了儿子一顿，并把他关在一间破屋子中，让他闭门思过。

12 仲孙静下心来，反复思考季文子的话，终于明白了自己的错误所在。后来，他不但不再嘲讽季文子的节俭，自己也逐渐改掉了爱讲排场的毛病。

13 有一次，季文子家中来了一位贵宾，见他案头的文具过于陈旧，就非常惋惜地说："您的才华怎么能和这些破旧的东西相搭配呢？"说完，他特地为季文子送上了一套非常考究的文具。

14 季文子见这些文具过于华美昂贵，又见人家一片诚意，因而风趣地说道："您看我居室中哪样东西能和您这礼物配上套呢？我用惯了这些旧物件，真要是一下子用了您这上等东西，恐怕文思才华会大减的。我看您还是留着自己用吧！"就这样，季文子硬是让客人把礼品收了回去。

15 公元前 568 年，季文子因病逝世。由于他一生追求廉洁简朴，所以随葬物品也很简陋。他的家人为他入殓的时候，鲁君前往探视，发现随葬品都是些案头、厨中破旧的东西，不禁问道：“家中难道不舍得拿出些值钱的东西陪葬吗？”

16 季文子的家人听罢，摇着头回答道：“家中实在没有一件贵重物品。”鲁君不解地问道：“为什么不购置些来呢？”

17 季文子的管家听罢，含着泪说：“国君，我家主人一生廉洁节俭，从不多占国家一文钱，还常为国事而解私囊，他实际上没有积蓄。如若不信，这里有账可查。”管家边说，边向国君奉上家中的账簿。

18 鲁君一边看一边感叹地摇头，随行的不少官员亲见此事，也大为震撼。此事传扬开来，人们都异口同声地夸赞季文子品德高尚。季文子节俭的美名也越传越远。

# 编后记

以《中华文圣——孔子》为代表的中华优秀儒学传统文化中的精华“诚”“信”“忠”“孝”“仁”“和”“礼”“义”“恕”“廉”“智”“行”的系列故事共13册大型原创手绘连环画丛书，是我前后历经17年业余时间搜集、阅读、整理、编写的成果。在2019年8月，这套共13册的大型原创手绘连环画丛书，终于由东方出版社出版，完整地呈现在读者面前。我17年的煎熬，虽苦犹乐，甚感欣慰。

出版这套大型原创手绘连环画丛书，是我多年的热切追求和梦想。正所谓“路曼曼其修远兮，吾将上下而求索”！几十年来，在我日常生活或社会交往中，在车站、机场、码头或其他公众场所，常见到“无尊长、无敬畏、无廉耻、无忠孝、无礼让、无诚信”等道德缺乏、行为失范的社会现象，引起了我的深刻思考：难道历经数千年的中华民族优秀传统文化在当今就没有用了吗？然而，纵观世界先进国家的发展历史，我深切地感受到：一个具有优秀素养的民族，乃国家强盛的根基；尤其是在社会不断开放，科技飞速发展，传播手段多样，各种文化现象、思想相互碰撞冲击的今天，弘扬传承中华民族优秀的传统文化，尤显迫切和重要，仍具有重要的现实意义。

编辑出版中华民族人文修养经典故事丛书，愿中华民族优秀传统文化的人文核心价值，在国家发展的历史进程中，重塑“引领风尚、促进和谐”的精神文明，让全社会进一步树立扬善去恶、明辨荣辱的观念，构建“助人为乐、以和为贵”的良好人际关系。让优秀的传统文化如春风、似春雨，滋润更多人心，让千年文明之光照耀中华大地。

“明理须读书，立德先修身。”我苦心孤诣策划出版这套大型原创手绘传统连环画丛书，意在用通俗易懂的方法和以事感人、以理服人的大众传播方式，弘扬传承中华民族的优秀文化。本丛书用许多故事来反复印证主题——“读书百遍，其义自见”，试图对广大青少年和社会大众在加强修养、提升个人素质方面起到潜移默化的作用，以中华民族优秀传统文化的伟大力量，去激发中华儿女昂然崛起的生命冲动，实现中华民族的伟大复兴！

如是，则民族幸甚，国家幸甚，天下幸甚！

由于学识有限，加之该文化工程面宽量大，难免有疏漏错误之处。主观上想扬弃和倡导的东西，客观上未必尽能如愿，希望读者朋友评点是非，明勘谬误，求其正范。

“中华民族人文修养经典故事”丛书

李彗生

2019年5月